O PORTUGUÊS POPULAR ESCRITO

COLEÇÃO
REPENSANDO A LÍNGUA PORTUGUESA

COORDENADOR
ATALIBA T. DE CASTILHO

REPENSANDO A LÍNGUA PORTUGUESA

O PORTUGUÊS POPULAR ESCRITO

EDITH PIMENTEL PINTO

editora**contexto**

Copyright© 1990 Edith Pimentel Pinto
Todos os direitos desta edição reservados à
Editora Contexto (Editora Pinsky Ltda.)

Coleção
Repensando a Língua Portuguesa

Coordenador
Ataliba Teixeira de Castilho

Projeto de capa
Sylvio de Ulhoa Cintra Filho

Foto de capa
"Balseiro", Jaime Pinsky

Revisão
Denilson Gobbo Nalim e Ana Lúcia Rodrigues

Dados Internacionais de Catalogação na Publicação (CIP)
(Câmara Brasileira do Livro, SP, Brasil)

Pinto, Edith Pimentel
O português popular escrito / Edith Pimentel Pinto. –
3. ed. – São Paulo : Contexto, 2022. –
(Repensando a Língua Portuguesa)

Bibliografia
ISBN 978-85-85134-66-2

1. Cultura popular – Brasil 2. Português – Uso.
I. Título. II. Série.o

90-0143   CDD-469-798

Índices para catálogo sistemático:
1. Brasil: Linguagem popular: Português: Lingüística   469.798
2. Brasil: Linguagem urbana: Português: Lingüística   469.798
3. Brasil: Português não padrão: Lingüística   469.798
4. Brasil: Português popular: Lingüística   469.798
5. Português não padrão no Brasil: Lingüística   469.798

2022

EDITORA CONTEXTO
Diretor editorial: *Jaime Pinsky*

Rua Dr. José Elias, 520 – Alto da Lapa
05083-030 – São Paulo – SP
PABX: (11) 3832 5838
contexto@editoracontexto.com.br
www.editoracontexto.com.br

Proibida a reprodução total ou parcial.
Os infratores serão processados na forma da lei.

SUMÁRIO

A Autora no Contexto 7
1. Nota Prévia 9
   O Português Popular Escrito: as "Indicações" 10
   As manifestações 11
2. A Linguagem das Ruas 14
   Os letreiros dos feirantes 14
   Documentário 24
   Os letreiros das placas e tabuletas 28
   Documentário 39
   Os impressos volantes 43
   Documentário 54
3. A Linguagem das Cartas 57
   Observações 57
   Documentário 78
4. Síntese Final 91

A AUTORA NO CONTEXTO

Edith Pimentel Pinto é paulista da Capital, nascida na rua Martinho Prado, ao lado da Igreja da Consolação.

Estudou, desde o curso primário ao superior, no mesmo prédio, na praça da República, onde hoje está a Secretaria de Educação: ali funcionava, no térreo, o curso primário do Instituto Caetano de Campos; no 1º andar, o ginasial; e, no 2º, onde se instalara provisoriamente a então Faculdade de Filosofia, Ciências e Letras da USP, o curso de Letras Clássicas.

Formada, ingressou no ensino secundário, lecionando português e latim, primeiramente na rede particular – colégios Paulistano e Bandeirantes, e depois no ensino oficial, na época do grande prestígio do ensino oficial paulista (colégio Roosevelt e colégio Ministro Costa Manso).

Interrompeu sua carreira de professora secundária quando aceitou um Leitorado na Alemanha, em Tübingen. Aí, na Karl Eberhardt Universität, deu aulas de português, literatura brasileira e portuguesa e cultura brasileira.

Com isso inaugurava sua carreira no ensino superior, que continuou, já de volta, na Faculdade de Comunicações da FAAP, onde trabalhou com técnica redacional; e, a seguir, na Faculdade de Filosofia, Letras e Ciências Humanas, da USP, onde até hoje dá cursos de sociolingüística na graduação ("Os níveis de fala"), e de português do Brasil, na pós-graduação.

Na USP, doutorou-se com uma tese sobre Anchieta; e, com tese sobre a "Gramatiquinha" de Mário de Andrade, tornou-se livre-docente; atualmente, por concurso de títulos, é Professor Associado junto ao Departamento de Letras Clássicas e Vernáculas.

Sua obra sempre se dividiu entre a literatura e o ensaio. Por ambas recebeu mais de um prêmio. O mais recente é de 1986, o Prêmio Nestlé de Literatura, por um livro que une as duas vertentes, a poesia e a gramática: *Sinais e conhecenças* que tem o subtítulo muito significativo de *Artes de Gramática*, pois é uma metaforização de temas gramaticais. Suas obras ensaísticas prendem-se mais diretamente à disciplina com que trabalha na Faculdade – filologia e língua portuguesa. Dentre elas se destacam: *O Auto da Ingratidão; O Português do Brasil; A Língua Escrita no Brasil, História da Língua Portuguesa – Séc. XX; A "Gramatiquinha" de Mário de Andrade.*

NOTA PRÉVIA

Na tentativa de captar, nas suas muitas feições, o Português Popular Escrito (PPE), este trabalho procura fundamentar-se em dois tipos de manifestação lingüística: 1. anúncios, avisos e similares; 2. cartas familiares ou sociais.

Os textos do primeiro grupo, vinculados intrinsecamente à publicidade e à propaganda, destinam-se a um público indeterminado e ocasional. Os do segundo grupo, de circulação restrita, têm destinatário determinado e finalidade específica a cada caso.

As três manifestações que constituem o primeiro grupo e que poderiam intitular-se genericamente "A linguagem das ruas", compreendem, a rigor, dois subgrupos: o dos textos manuscritos e veiculados em material de suporte improvisado; e o dos textos diagramados e impressos em folhas volantes. Essa distinção, que opõe "A linguagem das tabuletas" e "A linguagem das feiras" à das "Folhas volantes", fundamenta-se em traços lingüísticos bem marcados.

Já a manifestação lingüística pertencente ao segundo grupo, visto que foi restringida a uma só espécie de cartas, é, aproximadamente, unitária.

O conjunto desses diferentes tipos de textos apresenta, entretanto, inúmeros pontos em comum, contribuindo, assim, para compor um quadro suficientemente representativo do PPE.

Na coleta do *corpus* aqui analisado, trabalharam alunos da Faculdade de Filosofia, Letras e Ciências Humanas, da USP, pertencentes a sucessivas turmas, durante os anos 80, curso de graduação (Sociolingüística – Os níveis de fala) e do curso de pós-graduação (O português do Brasil). Dentre os graduandos, merece citação o nome de Marilza A. Foster, por sua dedicação e volume de trabalho; e, dentre os pós-graduandos o de Helena Confortim, a quem se deve o farto material, cuidadosamente organizado, referente ao Rio Grande do Sul.

Quanto ao ponto de recolha do material lingüístico, cabe uma observação, embora este trabalho não contemple o aspecto geográfico. Parte do material foi recolhido em São Paulo, capital: os letreiros dos feirantes e as folhas volantes.

Os dizeres encontrados em tabuletas e similares foram levantados nas capitais de São Paulo, Rio Grande do Sul e Ceará, e nas estradas que daí partem.

As cartas são de procedência estadual variada, mas se devem todas a interioranos, embora alguns estejam residindo na capital de São Paulo.

Casam-se, pois, documentos urbanos com não-urbanos, completando-se, também desse ângulo, o quadro do PPE.

Quanto ao roteiro de abordagem desse material, parte-se, em cada capítulo, do aspecto mais superficial, o gráfico, para o cultural, do vocabulário, e, e daí, para o gramatical, da construção. Segue-se uma breve síntese, que se completará na Síntese Final.

O documentário que consta no final de cada capítulo não é exaustivo, constituindo, antes, uma amostra do material recolhido, embora a maioria dos exemplos citados aí possa ser encontrada.

O PORTUGUÊS POPULAR ESCRITO: AS "INDICAÇÕES"

Já em 1926, Ferdinand Brunot, em seu livro *La pensée et la langue,* punha em relevo o valor de certas "indicações", pelas quais tentava balisar os futuros caminhos da língua:

> A cada dia aparecem, aos milhares, nos jornais, indicações de todo tipo, aparecem nas ruas, em tabuletas, por toda parte. Não se deve acreditar que se trata de uma forma inferior de linguagem; essas indicações desempenham, na vida, um grande papel e exercem uma sensível influência no desenvolvimento da língua. Desde o século XIX, sobretudo, elas contribuem fortemente para as mudanças do léxico, em vista de suas necessidades peculiares.

Não deixam de atuar também sobre a sintaxe, mediante reduções, obrigatórias, em vista do lugar, do preço e das necessidades de serem lidas de um só golpe de vista; trata-se de um estilo telegráfico de outro gênero, que tem regras obscuras, das quais a principal é fazer o máximo de efeito com o mínimo de palavras.

Brunot chamava, portanto, atenção para os pontos em que, segundo o testemunho das "indicações", incidiam as mudanças – o léxico, a sintaxe, o estilo – oferecendo, assim, diretrizes para futuras pesquisas, às quais, na dependência do meio e da cultura, se juntariam outras, como o grafismo e a ortografia.

As palavras de Brunot impressionaram Mário de Andrade, conforme referência explícita em *A escrava que não é Isaura*, pois nelas descobria um caminho para explorar a identidade da "fala brasileira". Nesse propósito, copiava, em caderninhos de bolso e agendas, palavras e frases ouvidas ou escritas por toda a cidade de São Paulo. Tais anotações constam de seus arquivos, que estão no Instituto de Estudos Brasileiros (IEB), sob a rubrica "Documentos populares", juntamente com duas cartas, um bilhete, um requerimento e um anúncio, em folha volante, do "Dancing Neptuno", no qual Mário de Andrade grifou os dizeres *"Se recebem inscrições na Gerência"* – com traço duplo sob o pronome oblíquo inicial, que contrasta com a concordância gramatical da construção passiva que se segue. Toda essa documentação se destinava, declaradamente, à *Gramatiquinha da fala brasileira*. No entanto, mesmo depois de desativado esse projeto – o que ocorreu pela altura de 1929 – Mário de Andrade continuou em sua recolha: o referido requerimento, manuscrito, dirige-se à Comissão de Festejos do Carnaval Paulista de 1937. Não chegou, porém, a fazer uso desse material, em obra específica, mas veiculou parte dele em artigos diversos, como "O baile dos pronomes", de 1941 (In *O empalhador de passarinho*).

Este trabalho pretende seguir trilha semelhante, levando, porém, a cabo uma organização do material que permita levantar das "indicações" traços tendentes a caracterizar o PPE.

AS MANIFESTAÇÕES

O ângulo do PPE aqui abordado será apenas o da sua finalidade que é sempre utilitária, excluindo-se, portanto, as manifestações populares desinteressadas, como a leitura de cordel, os contos e os cantos de tradição oral, fixados pela tipografia. Tais manifestações têm estatuto próprio, assim como o tem o trabalho dos grafiteiros, os quais pertencem a uma camada da população dotada de instrução secundária e até superior – excluindo-se, também por isso, como objeto deste trabalho. O que se entende aqui como "utilitária" é a expressão de uma finalidade prática, imediata; e "popular" é o que se opõe a culto, é aquela forma de língua produzida por detentores de instrução primária, completa ou incompleta – informação obtida de várias maneiras, ou, em poucos casos, presumida, em vista das circunstâncias sócio-econômicas dos produtores dos textos em questão.

Por outro lado, não se supõe, aqui, que o PPE seja unitário, pois a unidade não ocorre em nenhum nível sociolingüístico. No caso de PPE, para efeito de tratamento da documentação disponível, distinguimos, inicialmente, uma camada, por assim dizer, caracteristicamente popular, aquela em que o produtor do texto manifesta escassa consciência lingüística, expressa-se com espontaneidade e de forma às vezes canhestra, veiculando mensagens manuscritas em materiais precários.

Os destinatários presumíveis dessas mensagens, ou são passantes eventuais, um pequeno público indiferenciado (os textos do primeiro grupo); ou são indivíduos determinados, classificáveis, sociolingüisticamente, no mesmo nível a que pertence o produtor do texto (as cartas).

Divergem, ligeiramente, desse ângulo, os textos encomendados a pequenos profissionais da publicidade comercial – tipógrafos e pintores. Nesse caso, aflora certa censura ortográfica e até gramatical, ocorrendo com menor freqüência traços que indicam possível infiltração da fala na língua escrita e praticamente nunca as falhas mecânicas de execução gráfica, como inversão de letras, desigualdade nas suas dimensões e defeitos na separação das sílabas. À parte estes aspectos, os inúmeros traços comuns permitem englobar no mesmo plano todas as referidas manifestações do PPE.

Dentre os textos do primeiro grupo, as mensagens murais – veiculadas em tabuletas, placas e similares, às quais se refere explicitamente Brunot – são breves, sintéticas, capazes de serem apreendidas de passagem, por um público possivelmente interessado nas mercadorias e serviços oferecidos. Esses textos, apesar de preparados com antecedência e, por isso, com possibilidade de elaboração, geralmente não acusam qualquer cuidado nesse sentido, o que atesta a referida baixa consciência lingüística de seus produtores.

Já as mensagens escritas dos feirantes – um grupo sócio-cultural configurado – são, em geral, além de breves, improvisadas no momento mesmo de sua divulgação. E como têm nos pregões uma correspondência oral, de certa forma se completam situacionalmente. Além disso, seu destinatário está em face do destinador, é acessível e até sensível a apelos e argumentos, visto que ali está para escolher e comprar. Dessa situação resulta maior ênfase na qualificação das mercadorias oferecidas, que devem ser atrativas e competitivas. Isto se reflete na organização dos textos e interfere na prática da língua escrita.

Divergem muito desses textos manuscritos, encontráveis nas edificações e nas feiras, os anúncios impressos em folhas volantes. Bastaria a intermediação da tipografia para conferir a tais textos um caráter convencional, evidenciado em certa censura gramatical e ortográfica, paralelamente a menor infiltração da fala e correlatamente a certa tendência à hipercorreção e à pretensão literária. O convencionalismo, que se manifesta desde a superfície do texto, no seu planejamento gráfico, repercute no discurso, que realça, a par dos serviços oferecidos, a própria figura do anunciante – videntes, cartomantes, astrólogos e outros.

As cartas, que constituem o segundo grupo de textos aqui examinados, também acusam certo convencionalismo. Não se trata, porém, de recurso destinado a criar uma aura de prestígio em torno do remetente e sua atividade, mas do convencionalismo inerente ao gênero epistolar. Um dos aspectos dessa observância refere-se às prescrições gramaticais de que o produtor do texto tem algum conhecimento, nem sempre suficiente para as realizar plenamente. Outro aspecto decorre das relações de afetividade mantidas através da correspondência: sendo o destinatário e o destinador amigos ou parentes, o discurso recobre um espaço compartilhado de interesses e emoções, que não excluem o respeito (aliás muito marcado nas cartas), mas dispensa qualquer aparato gráfico, além dos convencionais, ou as figurações de estilo armadas para impressionar e seduzir.

A disciplina e a autocensura comandam o texto, tornando as cartas a menos inovadora das manifestações do PPE aqui estudadas.

A LINGUAGEM DAS RUAS

OS LETREIROS DOS FEIRANTES

Como grupo social de trabalho, o grupo dos feirantes apresenta características peculiares, dentre as quais uma linguagem especial, manifestada tanto no plano da oralidade quanto no da escrita.

Embora a plena configuração dessa linguagem resulte do entrosamento desses dois planos, complementares, aqui só se examinará, no âmbito de sua autonomia, a manifestação escrita.

Tratando-se de uma atividade comercial direta, em que o vendedor está em face do possível comprador, é explicável que, além da simples comunicação da mensagem, ocorram traços que acusam a competitividade, explícita nos apelos que visam a aliciar, seduzir, convencer o destinatário. Esse aspecto, que dispõe de mais e melhores recursos na expressão oral, acusa-se também na escrita.

Os textos escritos que os feirantes exibem – e que vão sendo substituídos no decorrer das atividades da feira, à medida que os preços caem – constituem reflexo pouco ilustrativo do calor retórico desenvolvido através da voz, da movimentação, da gesticulação do feirante, empenhado numa luta corpo a corpo na disputa do comprador.

Têm grande relevo, nesse contexto, os recursos verbais. O mais evidente deles é talvez a expressão da afetividade, traduzida em gracejos, galanteios, sugestões maliciosas ou irônicas, tudo acomodado à idade, ao sexo e à aparente posição social dos compradores. Melhor se diria até das compradoras, pois, sendo as mulheres a maioria do público interessado, é especialmente a elas que se destina o jogo retórico dos vendedores, no seu afã de se fazerem familiares, simpáticos, cativantes.

Esse riquíssimo aspecto praticamente desaparece na expressão escrita, onde a ênfase assoma desvanecida na própria mensagem, através de intensificadores e da condensação da informação, destinada, não apenas a ser apreendida, no primeiro golpe de vista, como notou Brunot, mas também a impressionar.

De fato, os textos, manuscritos em materiais precários e descartáveis – pedaços de papel ou papelão, que servem à própria embalagem da mercadoria – são breves, sintéticos, reduzidos ao essencial, que, neste caso, não é o verbo, mas o substantivo, seus adjuntos e complementos.

Quanto aos componentes lingüísticos, esses textos poderiam ser agrupados em alguns tipos, conforme constem de: 1. o nome da mercadoria, um substantivo, acompanhado ou não de um adjetivo ou um aposto, que encarece as suas qualidades; 2. o nome da mercadoria e um complemento de preço; 3. só este; 4. só a qualificação da mercadoria. O preço pode vir ou não acompanhado de informação sobre a forma de comercialização, mencionando-se, nesse caso, além do valor, também a unidade de venda – dúzia, quilo, monte, bacia, etc. Vejam-se os exemplos:

PONKAN
MACA (maçã)
PESSEGO PINGO-MEL
PESSÊGO SOLTA CAROÇO
MANGA PRINCESA
LIMAO TAYTI
CRAVO (limão)
CHEIRO (verde)

LARANJA LIMA DELICIA
PONKÃ DELICIA
PERA RIO ETRA (extra) MEL
MELÃO CAMPEÃO
MORANGO LINDÃO
PESSÊGOS EXTRA
PORTUGUESA (pera) MACIA
PEROLAS EXTRA
LIMÃO UMA VITAMINA PARA OS RINS

COSTAS DE PERU 15,00
1º CORTE (espinafre) 15 MAÇO
LISA (alface) CAMPEÃ CADA $, 3 10,00
DAMASCO SOLTA CAROSSO 1/2 KG 30,00
GOLDEN (maçã) 6 POR 20,00
MELÂNCIA 10,00 pedaço
É 2 a DUZIA É 2 (mexirica)
SÓ VERMELHA (goiaba) 3 por 10,00
MAÇÃ RED' 5 por 20,00

Raras vezes surge um texto ligeiramente mais extenso, que encerre um conselho ou aviso. Organiza-se, então, a frase em torno do verbo:

COMA MAIS PEIXE PEIXE È SAÚDE
NÃO APERTE AS MINHAS FRUTAS
BORBON NORTE SUPER DOCE PROVE

O Grafismo – A Ortografia

A parte gráfica, dada a precariedade dos materiais, a improvisação do texto e sua vida breve, e, ainda, possivelmente, as limitações de seu produtor, oferece elementos que permitem aproximar esses de outros tipos de textos nascidos em situação similar.

No entanto, no material recolhido praticamente não se documentou inversão ou troca de posição de letra, mas apenas omissão – extensiva a sinais gráficos, como em ETRA (extra) e MACA (maçã). Casos como CALDA por CADA, ACUÇAR por AÇÚCAR; TALIMA por TALISMÃ, são raros.

Um traço geralmente comum a qualquer tipo de PPE é a hesitação na escolha das grafias *c*, *ç*, *s*, *ss*, *z*, *j*, *g* (note-se que não se documentou confusão entre *x/z*, *x/ch* – o que não exclui a possibilidade de tal ocorrência).

Muito freqüentes são as variantes gráficas:

CAROÇO/CAROSSO
TAITI/TAYTI
BAHIA/BAIA
BORBON/BURBON

Isso ocorre sobretudo com os nomes de produtos mais ou menos recentes no mercado e ainda sem denominação fixa em português, como:

PONKAN/PONCAN/PONKÃ/PON-KAN/POM-KAM
PAPAEA/PAPAIA/PAPAYA/PAPAI
MURKOT/MURICOT/MURGOT/MORGOT/MORCOT/
MORGOTI
HADEN/ADEN/DEDEN
GOLDN//GOLD'
FUGI/FUJI/FUYI/FUJ
REDN'/RED'
TAYTI/TAITY/TAITI
ANJU/ANJ'OU

Como se vê, em casos como esses, campeia a fantasia gráfica, evidenciada na presença de *K, Y* e do apóstrofo, sempre associados à origem estrangeira da mercadoria ou de sua denominação.

Por outro lado, palavras comuns da língua portuguesa acusam interferência dos hábitos fonéticos de um produtor de texto pouco afeito à forma escrita dos vocábulos. Surgem, assim, formas como:

MARCOJÁ
CATALONHA
BAICIA
MIXIRICA

O primeiro desses exemplos é talvez o mais rico de variantes gráficas.

MARACUJÁ/MARACUJA/MARACOJÁ/MARACOJA/
MARCOJÁ/MARCOJA

Outro aspecto motivador de variantes gráficas é a acentuação. Embora não seja rara a observância das regras ortográficas referentes à acentuação, ocorrem, paralelamente, variantes, determinadas pela omissão ou pela deslocação do acento, como em:

MOSSORO, MARACUJA/PESSEGO
PESSÊGO/MELÂNCIA/PERÒLA/D'AGUÀ/DOCÊ

Ainda quanto ao acento gráfico, uma tendência, comum a outros tipos de PP manuscrito, é a de relacionar o acento gráfico com a abertura ou fechamento de vogal:

CARÔÇO/PÔRTO/BÔA
CARIÓCA/PIPÒCA/MÉL/POLÓ

Este último exemplo merece um pequeno comentário, visto que, nesse caso, a deslocação do acento não é peculiar a esse tipo de PPE, mas ocorre sistematicamente na fala cotidiana, independentemente do dialeto social. Trata-se de *allium porrum*, dito comumente *alho poró*, por sua vez transformado em *poló* por algum feirante de língua japonesa.

Abreviaturas e Abreviações

No tocante a este aspecto, predomina o caráter aleatório das soluções: *quilo* aparece abreviadamente: K, KG, KL; e *dúzia:* DUZ. D., DZ, D.Z.

Também aleatório é o encurtamento dos vocábulos, cuja decodificação depende do contexto.

L. por laranja
BETERRA por beterraba
PER por pera
S/ por sem
CH por caixa
D'GUA por d'água
P por pacote
PEQ por pequeno
QQ por qualquer

Pontuação

Já por sua natureza sintática – um ou mais sintagmas nominais – os textos produzidos por feirantes dispensam pontuação intrafrásica. Quando ocorre uma estrutura que a requeriria, como uma seriação de substantivos ou adjetivos, a disposição gráfica, em linhas superpostas, supre o emprego de vírgulas, assim como o da conjunção aditiva.

Não ocorre o ponto final nem o ponto de exclamação – que seria pertinente ao conteúdo tão enfático dos textos. A função enfática concentra-se na carga semântica dos substantivos, adjetivos e suas flexões. Eventualmente o ponto final aparece nas abreviações.

O Vocabulário

O vocabulário do PPE, praticado por feirantes, é constituído basicamente de substantivos, correspondentes à designação das mercadorias oferecidas; de adjetivos, com que se encarecem as qualidades dessas mercadorias; e, eventualmente, de advérbios, numerais e raras preposições.

O ponto de geração desse tipo de linguagem é o objeto da comercialização e não o seu agente. Este se projeta na vertente oral, os pregões. Surge então o verbo e a oração completa. Evidentemente, é na articulação das duas vertentes, a oral e a escrita, que se configura mais nitidamente a linguagem dos feirantes. Aqui, porém, como já se declarou, só se examina a parte escrita, exposta nas bancas, como modalidade do PPE.

Essa modalidade apóia-se fundamentalmente em certas classes de palavras, descartando parcial ou totalmente as demais.

O substantivo, que designa a mercadoria em vias de comercialização, figura junto dela. Nessas condições, poderia até ser omitido; no entanto, não é sentido como redundante, ao confirmar a informação. Além disso, é suporte para a função metafórica, concentrada no aposto: *mel, melado, delícia, jóia, campeão* – os mais freqüentes substantivos apostos a nomes de frutas desempenham, com mais ênfase que os adjetivos, essa função.

O adjetivo de valor denotativo geralmente descreve o produto, suas qualidades físicas (casca *grossa,* alface *lisa*) e sua proveniência (batata *gaúcha*), mas esta também pode constituir descrição, indicando tipo ou qualidade superior.

A qualificação conotativa incumbe, tanto ao substantivo aposto, como já foi referido, quanto ao adjetivo. Neste caso, a expressividade é reforçada pela superlativação. No entanto, a forma sintética de superlativo regular em português dificilmente aparece: são os graus diminutivo e aumentativo, de substantivos e adjetivos, que cumprem esse papel:

PERAS MOLINHAS
MORANGO LINDÃO
KILÃO
BACIÃO

Note-se que o superlativo, nos dois últimos exemplos, refere-se à medida, vale dizer, é a generosa quantidade da mercadoria que se enfatiza.

O superlativo analítico raramente se forma com o advérbio *muito*, preterido por *bem (bem* doce, *bem* macia), *extra* e *super*, aplicados a adjetivos e a substantivos *(super* doce, *super* mel). Estes dois últimos podem sozinhos constituir o texto, em referência implícita à mercadoria exposta e suas altas qualidades.

A Construção

Nos textos recolhidos só excepcionalmente aparece a oração completa: a linguagem das bancas se completa com os pregões dos feirantes, estes, sim, apoiados em verbos.

A construção típica dos textos escritos é o sintagma nominal, constituído de substantivo, em função de base ou de aposto; adjuntos: complementos nominais e adverbiais – sobretudo os de preço e de origem:

    PERAS
    MOLINHAS
    PONKÃ
    DELICIA
    GOLDEN
    6 POR 20,00
    MELÂNCIA
    10 PEDAÇO

A adjetivação de caráter denotativo vem normalmente posposta, assim como os complementos de origem/tipo:

    PIMENTÃO AMARELO
    CASCA GROSSA
    MANGAS BORBON
    MELANCIA BAURU
    BATATA GAUCHA
    FIGOS ROXO
    VALINHOS

Caso raro, de inserção de substantivo entre dois adjetivos, apresenta flexão apenas nestes:

    NOVAS MAÇÃ
    ARGENTINAS

A tendência geral, inferida de exemplos como esse, parece ser considerar o produto como um coletivo, gramaticalmente singular. Da mesma forma, vem proposta a adjetivação de caráter conotativo:

LARANJAS LIMA
SUPER MEL

SALADA
DELICIA

BAHIA
BEM DOCÊ

MORANGO
FRESQUINHO

BAURU
BEM DOCE
LINDA
MEL
EXTRA

No processo de intensificação das qualidades do produto oferecido, concorrem, como os exemplos supra já evidenciam, o adjunto adnominal e o aposto, convergindo, não poucas vezes, ambos os recursos:

BANANA NANICA
CLIMATIZADA
SUPER JÓIA
EXTRA

PERA D'AGUA
DELICIOSA
MACIA

MANDIOQUINHA
FRESQUINHA
DELÍCIA

PEROLA MEL

PEROLAS
EXTRA
FILET

Note-se, neste último exemplo, a metáfora que identifica o superlativo da qualidade do produto (abacaxi), com o mais fino corte de carne bovina, o *filet mignon*.

Quanto à concordância, no caso, apenas nominal, a regra é variável, predominando, aparentemente, a não concordância, independentemente da ordem das palavras: o substantivo, embora enunciado antes de seus modificadores, não comanda, necessariamente a concordância, quer de gênero, quer de número:

ESPINAFRE JAPONESA
UVAS CHILENA
MAMÃO
VERMELHOS
BEM DOCE

Outro caso, típico, de concordância é o da que transcende o código lingüístico, isto é, faz-se entre o plano deste e o iconográfico, representado pela presença física da mercadoria. Assim: PEROLAS, no plural, é um substantivo em aposição, adjetivando a mercadoria exposta, abacaxis.

Outro caso, este mais raro, mas também digno de registro, é o da invariabilidade do verbo *ser* em locuções cristalizadas indicativas de preço, segundo o molde "é tanto por tanto". Essa construção, muito comum nos pregões, eventualmente aparece também nos textos escritos:

É 2 POR MIL
É DEZ A DUZIA
AGORA É 3 A BACIA

Menos freqüente ainda que a do verbo *ser* é a presença de outros verbos, que geralmente só constam em textos nos quais não se trata de anunciar diretamente a mercadoria, mas de transmitir uma mensagem persuasiva, em forma de conselho ou aviso, que, indiretamente, a valoriza:

COMA MAIS PEIXE PEIXE É SAÚDE
NÃO APERTE AS MINHAS FRUTAS
BORBON NORTE SUPER DOCE PROVE

Mensagens como as duas primeiras, supra, diferem muito das que temos analisado, improvisadas e descartáveis: previamente elaboradas, como comprovam sua confecção e seu material de suporte, mais durável, destinam-se, possivelmente, ao uso em feiras sucessivas.

Síntese

A linguagem das feiras é substantiva e de finalidade nitidamente persuasiva. Seu ponto de apoio é o nome – concretizado pela presença do objeto que designa – mas, redundantemente, escrito e apregoado; e, ainda, muito valorizado por recursos de intensificação, também redundantes.

No entanto, trata-se de uma linguagem sintética, visto que dispensa tudo que seja acidental, não pertinente à configuração valorativa de seu objeto explícito, o produto oferecido. Não há, pois, artigos e pronomes; nexos gramaticais e verbos são muito raros. Não se trata de uma linguagem dinâmica.

Além de sintética, a linguagem das bancas é freqüentemente elítica, dadas as circunstâncias físicas em que se atualiza: por um lado, a presença da mercadoria comercializada, que dispensaria explicitação; por outro, o precário material de veiculação da mensagem e seu caráter provisório, mesmo no espaço de duração de uma só feira. Assim, tudo o que pode ser intuído – palavras nocionais, nexos, pontuação – é dispensado.

Do ângulo da ortodoxia, gramatical e ortográfica, os textos expostos nas bancas acusam pouco trato com as regras vigentes e praticamente nenhuma criatividade lexical. Até mesmo os recursos de intensificação, explorados exaustivamente, são estereotipados.

Gramaticalmente, os letreiros dos feirantes constituem expressivo documentário de uma tendência constante do PPE: a aplicação aleatória das marcas de concordância – no caso, nominal.

No entanto, trata-se de um aspecto diferenciado do PPE, típico de um grupo sócio-econômico específico, manifestado sempre em situação de trabalho, para efeito de comunicação com um público inespecífico.

Como tal, essa variedade do PPE se opõe, de certo modo, à variedade encontrada nas tabuletas expostas nas ruas, embora, por outro lado, apresente alguns traços comuns, principalmente no uso restrito dos recursos da língua.

DOCUMENTÁRIO

UVAS ITALIA
MEL
RIO
DUZIA 30,00

ESPINAFRE
JAPONEZA
35,00

CATALONA
30,00

BATATA
CAMPEÃO
30,00
K
20,00
P

PONKAN
MEL

L. PERA
RIO
15,00 DUZIA

BACIÃO
10,00

PERÓLA
10,00

CARIÓCA
10,00

FRUNTA DO
CONDE
10,00

GOIABA
CLIMATIZADA
5 por 30,00

PERA D'AGUÁ
MACIA
3/ 20,00

MANGAS BORBON
PROVE

BATATA GAUCHA
DELICIOSA
35,00 KILO

MELÂNCIA
BAURU
SANGUE DE
TOURO
20,00 KILO

PERAS
MOLINHAS

BATATA GAÚCHA
R S

BERINGELA
S/ CEMENTE

FIGOS
ROXO
VALINHOS

ITALIA
SUPER
DOCE

PEROLAS
SUPER DOCE

PIMENTÃO
VERDE
CASCA GROSSA

PERAS
D'GUA
MACIA
3/60,00

NESPERA
KILO 80,00

MAÇÃ GOLDEN
DELICIOSA
MACIA
CADA 10,00

PERA CHILENA
DELICIOSA
MACIA
CADA 10,00

ARGENTINA
NOVA
DELICIOSA EXTRA
5 por 30,00

PERA D'ÁGUA
DELICIOSA MACIA
CADA 10,00

PERA D'ÁGUA
DELICIOSA ANJOU
3 POR 40,00

LARANJA LIMA
SUPER MEL
DUZIA 60,00

PAPAEA
CADA 10,00

PARÁ
1/4 50,00

AMENDOA
1/4 100,00

BEIRA ALTA
1/4 30,00

SOLTA CAROÇO
1/4 35,00

RABO
KILO 200,00

PÔRTO
KILO 300,00

PERAS D'AGUA
6 por
50,00

MANTEIGA
MADUROS
3 / 20,00

UVAS SEM
CEMENTE
KILO 50,00

BERINGELA
SEM SEMENTE
15,00 CADA

KAKÍ
RAMA FORTE
CADA 10
6 POR 50,00

10,00 KILO
QUALQUER UM

PRETINHAS
5,00 CADA

MARCO JÁ

UVAS
CHILENA
BEM DOCE

MAMÃO
VERMELHOS
SUPER DOCE
30,00 CADA

PON KAN
EXTRA
30,00 A DUZIA

BOA MASSA
CADA 10,00

POM KAM
30,00
DUZIA

RIBIEV
E
IMPERIOR
60,00 KILO

MELÃO
MOSSORÓ
30,00 CADA

BAHIA MEL
DUZIA
25,00

ABACAXI
PÉROLA MEL
20,00

FRESCAS
10
KILO

DELICIOSO
PROMOÇÃO
10,00
KILO

SALADA
DELICIA
15,00 KILO

COUVE
MANTEIGA
10,00 CADA

HOLANDEZA
25,00

RICOTA
FRESCO
KILO 80,00

MAÇÃ GARDN'
PER PORTUGUESA
4/100,00

MANGA HADEN
3/50,00

MAMÃO PAPAYA

ABACAXI
PEROLA
20,00 CADA

GREGAS COLOSAL
KILO 480,00
1/4 120,00

PORTUGUESA
GRAUDA

ARGENTINA
1/4 35

CAIPIRAS DA
ROÇA
5 CADA

MEDIA 5,00
PEQ 3 POR 10,00

BRASILEIRAS
5,00 CADA

MANDIOQUINHA
DA FRESQUINHA
DELICIA
30,00 KILO

DAMASCO
SOLTA CAROSSO
1/2 KILO 50,00

NECTARINA
MEL
1/2 KILO 50,00

BORDON
MEL
6 POR 50,00

FUGI
5 POR 50,00

VERMELHOS
6 POR
50,00

AMEIXAS
KI DELICIA
KILO 40,00

KILÃO 30,00

MELADO
EXTRA PEDAÇO
MEL 30,00

PERA-RIO
20,00
DZ

L LIMA
40,00
DZ

MAÇÃ
RED

BAHIA
BEM DOCÊ
30,00

SUPER DOCÊ
MOSSORÓ
20,00 CADA

PEROLA
DA PARAIBA

PERAS DO
RIO
BEM DOCÊ

MORANGO
FRESQUINHOS

LIMA EXTRA
DA PERCIA

NOVAS MAÇÃ
ARGENTINAS

NOVAS MAÇÃ
FUJ

MIXIRICA
DO RIO

PERAS DE ÀGUA
4 POR £0,00

MAÇÃ
35,00 DZ

HOLANDESA
20,00

LIMA VITAMINA
PARA OS RINS
É 2 A DUZIA, É 2

LIMÃO TAYTI

TAYTI

PONCAN

PONKÃ
DELICIA

PONKAN

SOLTA CAROÇO
KILO 240,00
1/4 60,00

MAMMOUTH
KILO 240,00
1/4 60,00

BAURU
20,00

CUENTRO
5,00

POLO
10,00

BACIA
10,00

CENOURA
15,00

BETERRA
15,00

CALDA
20,00

MORGEOTE
EXTRA
70,00

MEXERICA
MORCOTE
DUZ.
80,00

DAMASCO
DELICIOSA
CH
130,00

DEDEN
5 POR 50,00

GOYABO
KILO 30,00

MELÂNCIA
10,00
PEDAÇO

PÊSSEGO
PINGO-MEL

PERA-RIO
BEM DOCE
25,00 DZ

L SELETA RIO
SUPER DOCE
50,00 DZ

MELÃO
BEM DOCE
70,00 CADA

MORCOTE
20,00 DZ

MANGAS
40,00
MONTE

MELÃO
DE MOSSORO
40,00 CADA

CEBOLINHAS
KILO 140,00
1/4 35,00

VERDES JOIA
KILO 180,00
1/4 45,00

VERDES ESP.
KILO 180,00
1/4 45,00

LIMA
D.Z. 8,00

LISA
CAMPEÃ
CADA 4,00
3/10,00

BACIA 5,00

ALMEIRÃO
PÃO DE AÇUCAR
7,00 MAÇO

PERA RIO
ETRA MEL
3,00

SÓ VERMELHA
3 POR 10,00

MAÇÃ RED
3 POR 20,00

MAÇÃ

MORANGO
LINDÃO

BAURU
BEM DOCE
LINDA
MEL
EXTRA

DAMASCO
SOLTA
CAROSSO
1/2 kg 30,00

MACA GOLD'

PEROLAS
EXTRA
FILET

GOLDEN
6 POR 20,00

MORGOT

MURKOT

MURICOT

MURGOT

MORGOTI

MOR

PAPAEA

PAPAIA

4 POR "0,00"

PAPAYAS
3 POR 10,00

MAMÃO
PAPAI

MAMÃO
PAPAYA

PORTUGUESA
MACIA

CASAL 5,00

NÃO APERTE
MINHAS FRUTAS

COMA MAIS PEIXE
PEIXE É SAÚDE

BANANA NANICA
CLIMATIZADA
SUPER JÓIA
EXTRA

MANGA BORBON
5 POR 20,00

MANGA BORBORN

BORBORN NORTE
SUPER DOCE
PROVE

MANGA PRINCESA

PESSÊGOS '
SOLTA/CAROÇO

TALIMA

MELÃO CAMPEÃO

OS LETREIROS DAS PLACAS E TABULETAS

As manifestações escritas de particulares ou pequenos comerciantes, com vista à comunicação com o público, um público indiferenciado, constituído por passantes ocasionais, são lingüisticamente econômicas, dispensando tudo o que seja acessório ao núcleo da mensagem. Centram-se nas necessidades, reclamos e interesses do anunciante, sem qualquer menção explícita à pessoa do destinatário.

Essa abstração da figura do destinatário, que não é tratado segundo as regras elementares da publicidade e da propaganda, fica patente, quer no aspecto visual, negligenciado, da apresentação do texto, quer no seu aspecto propriamente lingüístico, em que o apelo direto ao possível interessado é descartado, em favor do estabelecimento de uma faixa comum de comunicação, situada no nível popular da língua.

A mesma negligência se revela na escolha do material de suporte, na execução física do texto e no seu teor. A evidente ausência de planejamento, em todos esses aspectos, constitui a característica mais freqüente desse tipo de amostra do PPE, salvo quando o trabalho é encomendado a profissionais do ramo.

O Grafismo

Falhas de execução gráfica na elaboração de anúncios, avisos e similares, manuscritos em tabuletas, placas, lousas e outros suportes precários de veiculação de mensagem, em portas, fachadas, muros e outras partes das edificações, constituem o traço superficial mais constantemente observado.

O estudo das causas dessas falhas de grafia não pertence, propriamente, ao campo de interesse da língua, embora elas possam ser atribuídas, num primeiro exame, à deficiência da alfabetização, responsável, por exemplo, pela inversão de certas letras, como N, S, Z (И, Ƨ, Ƨ); ou à execução mecânica das letras, cada uma por vez, desvinculadas, portanto, do contexto do vocábulo. Daí, possivelmente, lapsos como *Borrcharia, Tereno, Pesoa, Vend-si*.

Também deve ser levada em conta, nesse sentido, a falta de avaliação prévia do espaço disponível para a mensagem, evidenciada no esmagamento, na supressão e na diminuição do porte das letras, assim como nas abreviações imprevistas, como em *minutos, Material Domestic*.

Da mesma forma, a irregularidade na separação de sílabas *(vendem/os, deverá/o, ca/rtão, estrag/ada)* pode dever-se àquelas causas mecânicas ou de aprendizagem, somadas ou não à falta de conhecimento gramatical e lexical.

Observe-se, porém, que quando os anúncios são encomendados a profissionais do ramo, o letreiro é executado com maior esmero. Esses profissionais raramente incorrem em tais falhas, evidenciando, opostamente, até certo trato com a relação fonema/grafema. Surgem, assim, jogos de fonemas, apoiados em letras, sobretudo C, K, X, ou em números, como em:

C Ki Sabe (cantina, SP)
Kuxixu (butique, SP)
Kanta Kente (bar, RS)
Kãndiêro (casa de lustres, RS)
X-Burguer, X-Salada (casa de lanches, SP)
20 $\frac{te}{ver}$ (bar, RS)
1 000ton (loja, RS)

A Ortografia – A Pontuação

Como traço geral, a este respeito, convém assinalar que a ortografia dos textos em questão é mais aproximadamente fonética do que a ortografia convencional, acusando alguma infiltração da fala, e, conseqüentemente, traços regionais *(conzinheiro, ovo conzido* – CE). Embora esse aspecto não constitua objeto deste trabalho, é relevante como "indicação" das características da fala brasileira.

Nesse sentido, a alteração gráfica das pretônicas e postônicas vem ratificar a debilidade dessas posições, reconhecidas desde o latim. No PPE isso ocorre sobretudo na alternância entre os fonemas /e/ e /i/, /o/ e /u/, grafados indiscriminadamente, como reflexo da fala, pouco censurada pela instrução formal ministrada pela escola:

Engressos – SP
Encistir – RS
Simi-novas – SP
Eletrecidade – RS
Femenino – SP
Manicuri – SP
Pedecuri – SP
Siriu – SP
Au lado – SP
Almusar – SP

A propósito, observe-se que o material recolhido no RS não acusou o fato. Já a redução do ditongo *ei* é sistematicamente assinalada em qualquer região, assim como, ocasionalmente, a do ditongo *au*:

Pedrero – RS
Carpintero – RS
Cadera – CE
Restoração de moveis – SP

O inverso, a ditongação, ocorre em monossílabos tônicos terminados em –*s* ou –*z*, e, eventualmente, em casos de hipercorreção:

Treis – SP
Deis – (dez) – SP
Fianbeiria – RS

Quanto à grafia das consoantes, há duas ordens de casos: uns, também explicáveis como reflexo da fala; outros, como produto do desconhecimento da ortografia convencional e contato insuficiente com a língua escrita:

Pertencem ao primeiro grupo os casos de:

1. Apagamento do *r* final:
   (...) para limpa casa (limpar) – SP
   Solda-se Fala com Silva (falar) – CE
   Vende-se Trata rua (...) (tratar) – RS

2. Apagamento da nasal final:
   Varge – SP
   Viaje – CE
   Milto – RS

3. Troca de *l* por *r*:
   Malmita – SP
   Colvin – (curvim) – SP

4. Troca entre *l* e *u*:
   Maudade – SP
   Em jerau – SP
   Açolgueiro – SP
   Almento – CE

5. Destruição de grupo consonantal:
   Peneu – RS
   Ademite-se – SP
   Recepicionista – SP

6. Alterações várias, por acréscimo, supressão, troca de letra:
   Ceramento de portas – SP
   Landris (lambris) – SP
   Peti-Fus (petit four) – SP
   Discursão – SP
   Estrupo – CE
   Velocipe – CE

Pertencem ao segundo grupo os casos de:

1. Emprego indiscriminado de *m* e *n:*
   Comcerto – CE   En geral – RS
   Emcanador – SP   Linpeza – SP
   Orden – SP   Fianbeiria – SR

2. Indecisão entre as grafias *r* e *rr:*
   Arreia (areia) – RS
   Aranjo – RS
   Arros (aros) – RS
   Tereno – SP

3. Indecisão entre as grafias *c, ç, s, ss, z, x, ch, j, g:*
   Ceus (seus) – SP   Xaves – SP
   Ofiçina – RS   Deis (dez) – SP
   Estaçionar – SP   Depozito – SP
   Bisicleta – CE   Depozitar – RS
   Espesial – RS   Escursões – SP
   Difisil – RS   Extranhas – SP, CE
   Linguisa – SP, RS   Xinelos – RS
   Senoura – CE   Fachineiros – SP
   Sebolinha – CE   Jeladeira – CE
   Talves – SP   Recapajem – RS
   Diverssões – SP   Regulajem – SP
   Vernises – RS   Sugeito – SP

Na mesma ordem de fatos poderiam ser incluídos mais dois casos:

4. Grafias que acusam desconhecimento da ortografia de uma língua estrangeira, de que provém, real ou supostamente, a palavra.
   Overlockista – SP
   Oiapock – SP

5. Grafias analógicas em relação à abreviatura a que correspondem:
   Kilo – SP, RS
   Kilometro – SP

Quanto à acentuação gráfica, trata-se de uma prática rara, cuja ocorrência, em geral, não segue as regras da ortografia em vigor. Aparecem ocasionalmente sem acento monossílabos tônicos e vocábulos oxítonos que, segundo tais regras, o requeririam, como *so, tres, cafe, fuba*. Os paroxítonos terminados em ditongo crescente nunca são acentuados (*agua, duzia, delicia, sitiu, domicilio*) e os proparoxítonos raramente o são (*credito, fabrica, pratica, brocolo, nespera*).

Uma evidência de que não é a regra ortográfica o principal motivo da acentuação está na tendência a assinalar ou a abertura da vogal, ou a sílaba tônica, qualquer que ela seja:

Ofértas – SP	Aquí – RS	Pôr (prep.) – SP
Zéle – SP	Lúz – SP	Sônhos – CE
Cuéca – SP	Cambucí – SP	Prêços – RS
Fóra – CE	Petifúr – SP	Flôres – RS
Êste – RS	Perús – RS	Côr – CE

Alguns desses exemplos podem constituir reminiscência de uma prática ortográfica já abolida, a dos acentos diferenciais.

Outra possível reminiscência, no caso, de regra mal assimilada ou mal recordada, está na deslocação do acento gráfico para uma sílaba diversa daquela estabelecida pela regra:

genêro – RS
Fábricação – RS
Pêssoa – SP
Cocô – SP

Regra aparentemente desconhecida é a que comanda o emprego do acento grave, que, nos textos, não se distingue funcionalmente do agudo: ambos aparecem sobre a preposição simples (*a*), independentemente do contexto sintático/semântico:

De segunda à sábado – RS	Sugeito à guincho – SP
Das 10 ás 12 – SP	À prazo – CE, RS
Á escolha – SP	18 à duzia – RS
À escolher – Ce	À domicilio – SP
Aliza-se à frio – SP	

Da mesma forma, não obedece a nenhum critério claro e uniforme o emprego do hífen:

Segunda feira – SP
Sesta feira – RS
Cirurgião Dentista – SP
Simi-novas – SP
Eletro-domesticos – SP

Se nos substantivos compostos é raro e irregular o emprego do hífen, nas enumerações é freqüente, substituindo pontuação:

Concerto – e – pintura – SP
Precisa pedreiro – carpinteiro – ajudante – SP
Frutas – Verduras – Flôres – RS

Da mesma forma, as maiúsculas podem suprir pontuação:

Solda-se Fala com Silva – CE
Vende-se Trata rua (...) – RS
Zéle por este veículo Ele é a sua condução – SP

Por esses exemplos já se verifica que é também rara e irregular a pontuação, quer se trate de vírgula, quer de ponto final – só há um caso em que aparece ponto de exclamação. A regra geral é a ausência de pontuação; secundariamente, pontuação indevida:

Precisa-se balconista caixa faxineiro – SP
Temos, corrente de ouro, aneis é (sic) corrente de prata – SP

O Vocabulário

O autor dos textos expostos em via pública não tem plena consciência do corpo do vocabulário, guiando-se muitas vezes pelo grupo de força, do que resulta aglutinação, ou, opostamente, separação das partes da mesma palavra. No primeiro caso, trata-se, geralmente, de uma preposição agregada a um nome, a um verbo, ou, ainda, a uma expressão importada e cristalizada em português.

avista – RS   emcaso – CE
apartir – RS   alá minuta – RS
afiace alicate – RS   ala carte – SP

Ocasionalmente, a separação de partes do vocábulo apóia-se na analogia fônica entre alguma dessas partes e um vocábulo da língua – o pronome *se*, principalmente:

forne-se refeições – SP

O processo de formação de palavras é pouco produtivo nesse tipo de textos, quando manuscritos. Já nos textos executados por firmas especializadas, em que há interferência de profissionais possivelmente mais qualificados lingüisticamente, verifica-se certa fantasia, no propósito de obtenção de efeitos fônicos e visuais:

Boaboca – RS   Venkenké – RS
Dikomida – RS   Xisburguer – SP
Kitintas – RS   Forró Cuidaids – CE
Kidocespães – RS   Sandulícia – SP

No entanto, a derivação sufixal, no mesmo grupo de textos ligeiramente diferenciados do PPE, o processo de criação lexical é produtivo.

Em português, a designação de atividades do ramo de negócios se faz mediante adjunção dos sufixos *–aria* e *–eria*, este geralmente reservado, no Brasil, aos vocábulos terminados em *–te* (*leite-leiteria, sorvete-sorveteria*). No PPE esta distribuição não ocorre, observando-se certa preferência pelo sufixo *–eria*, independentemente da base a que se agrega:

Sandwicheria – SP
Wiskeria – SP
Lancheria – RS
Salgaderia – SP

Em muitos casos, colhidos sobretudo em São Paulo, onde é notável a produção de tais derivados, o sufixo de fato é *–teria:*

Danceteria – SP
Doceteria – SP
Lancheteria – SP

É tão forte a imposição do novo sufixo – ou a consciência dele – que acarreta alteração da base: de *lambada* se fez *lambateria* e não *lambaderia*; de *gelado*, *gelateria* e não *geladeria*.

Outra inovação observada em relação aos sufixos –*eria*, –*teria* é a alteração fonética de que resultam, respectivamente, –*eira* e *teira:*

Sandwicheira, por sandwicheria – SP
Cafeteira, por cafeteria – SP
Fruteira, por fruteria ou frutaria – RS
Carroceira, por carroceria – SP

Note-se que, em São Paulo, estabelecimentos que vendem doces tanto se denominam *doceira* como *doceria*.

Outro sufixo bastante produtivo é –*lândia*, aplicado com ou sem alteração da base:

Sapatolandia – SP
Colcholandia (de colchão) – SP
Cozilandia (de cozinha) – SP

Igualmente produtivo em São Paulo – não colhemos nenhum exemplo em outra região – é o sufixo –*ete*, designativo de estabelecimento comercial. Nesse caso, a base indica o produto comercializado (*lanchonete: lanches*). Pode, porém, ser explorado também o recurso da montagem vocabular, como em *ranchonete* – SP, formação que, por analogia com *lanche*, indica um *rancho onde se vendem lanches*.

A Construção

Muito mais freqüentes que as alterações relacionadas com a flexão das palavras, que são até raras (*xuxures,* plural de *xuxu* – CE; *abajuis,* plural de *abajur*-SP; *mamães,* plural de *mamão* – SP), são as que dizem respeito ao seu arranjo na frase.

A frase, nos textos recolhidos, é sempre curta, sintética, dispensando artigos, pronomes e até conetivos, substituídos, estes, em construções que os requeririam, por espaço em branco ou por hífen, como nos exemplos já referidos.

Quando se alonga, não raro a frase se embaraça.

Vagas para rapazes com refeição que trabalhe fora ou estude – SP

O comum, porém, é reduzir-se ao essencial, o verbo e seu complemento, geralmente objeto direto.

Sujeito expresso raramente aparece. O próprio caráter do texto recomenda sua indefinição, de forma que também é raro o sujeito facilmente suposto, como em *Vendemos este terreno* – RS, *Compro materiais uzado* – SP, *Aqui fizemos* (sic) *xerox* – RS.

A construção passiva com o pronome *se*, em que a concordância se faz segundo os preceitos gramaticais, além de rara, concorre com duas outras possibilidades: a não concordância e a omissão do *se*, ambas indicativas de que a construção não é sentida como passiva, mas como impessoal, nos seguintes termos: X (sujeito não mencionado) + verbo + objeto direto.

A regra de concordância em tais construções é, pois, variável, predominando, porém, no documentário recolhido, a não concordância:

> Conserta-se eletro-domesticos – SP
> Aluga-se salas – SP
> Faz-se unhas – CE
> Vende-se xinelos – RS
> Reforma-se baterias – RS

A construção sem o pronome *se*, em que, obviamente, não há concordância, o verbo, na 3a. pessoa do singular, aponta para um sujeito indeterminado; e seu complemento, um substantivo no singular ou no plural, é claramente objeto direto:

> Aluga quartos – SP
> Vende apartamentos – SP
> Transfere o ponto – SP
> Precisa pedreiro – SP
> Precisa domèstica – SP

O verbo *precisar*, independentemente da presença do pronome *se* constrói-se com objeto direito, ou, mais raramente, indireto:

> Precisa-se balconista caixa faxineiro – SP
> Precisa-se pedreiros – SP
> Precisa-ce de conzinheiro – CE
> Precisa-se de açolgueiro – SP

A concordância nominal, assim como a verbal, está sujeita à mesma regra variável, predominando, também nesse aspecto, a ausência de concordância.

Um dos traços mais característicos do PPE, no tipo de texto em questão, é a escassez de adjetivos. Quando aparecem, eles têm valor descritivo, vêm pospostos e são quase sempre invariáveis:

Vende-se fichas telefônica – SP
Cabeleireiras infantil – SP
Moças maior – SP
Compro roupas usada – SP
Cães bravo – RS
Ovos branco – RS
Pães doces e salgado – SP
Use oculos escuro – RS

Estes dois últimos exemplos merecem alguma atenção. No caso de *pães doces e salgado*, aparecem dois adjuntos para o mesmo substantivo, o que é raro nesse tipo de texto. Flexiona-se apenas o primeiro, o que sugere um substantivo composto (*pão-doce, pães-doces*) designativo de uma qualidade do produto, ficando o segundo adjunto liberado da marca de plural, na forma do uso.

O caso de *oculos escuro* ilustra uma construção que é predominante no Brasil e não só no PPE, pois são correntes na fala, em qualquer nível sócio-cultural, e até na língua escrita informativa, expressões como *meu óculos, óculos inquebrável*.

Síntese

Os textos de anúncios e avisos, encontrados nas ruas em tabuletas, placas e similares, poderiam ser repartidos em dois grupos, diferenciados por alguns traços, unificados por outros.

Os textos manuscritos, executados por particulares opõem-se aos elaborados em oficinas especializadas, a partir do procedimento gráfico. O planejamento destes, sua organização e apresentação em material adequado contrasta com a improvisação dos manuscritos, em geral descuidados e provisórios.

No entanto, do ângulo da ortografia não é tão marcante o contraste entre ambos. A acentuação gráfica, por exemplo, apresenta muitos traços comuns. Um deles está na tendência a assinalar com acento agudo ou circunflexo a vogal aberta e a fechada, respectivamente; e recai sobre a sílaba tônica, qualquer que ela seja, independentemente das regras que regem a matéria na ortografia em vigor. Outro traço comum, do mesmo ângulo, é o desconhecimento das funções gramaticais e semânticas atribuídas ao acento gráfico.

Já no plano do léxico, os dois grupos se distanciam. Os manuscritos acusam pouca familiaridade com a estrutura mórfica dos vocábulos, de que resulta sua fragmentação, ou, ao contrário, sua fusão, além da tendência a reduzir ou a ampliar o corpo do vocábulo, sob modelo da fala. Todos esses traços aparecem muito atenuados nos textos não manuscritos, nos quais se documenta, ao contrário, alguma habilidade na manipulação do material lingüístico. Isso se comprova na criação de efeitos gráfico/fônicos, muito apelativos em termos de propaganda em nível de massa.

Note-se que tais criações léxicas constituem aproveitamento de traços típicos da fala popular ou corrente. Trata-se, pois, de um trabalho consciente, executado sobre o material lingüístico observado no uso, o que de forma alguma ocorre nos textos manuscritos. Nestes, são involuntários os reflexos da fala. Seu produtor, não dispondo, aparentemente, como o outro, de formação escolar que lhe permita desenvoltura no manejo da língua escrita, pauta-se por fórmulas usuais – tanto as da sua fala habitual, quanto as da língua escrita, consagradas para o tipo de texto em questão.

No que respeita à sintaxe, a economia de recursos associa-se à tendência de concretizar as relações gramaticais. Assim, o sujeito, para o usuário do PPE, sendo obviamente aquele que anuncia, pode ser dispensado, no texto, assim como o objeto indireto, correspondente àquele a quem possa interessar o anunciado.

Dessa forma, como o sujeito em geral não está expresso, a concordância verbal não é relevante. E a concordância nominal, como em outros documentos do PPE, está condicionada à regra de variabilidade: a marca de número, que neste tipo de documento tem mais relevo que a de gênero, ora se agrega ao determinado, ora ao determinante, sem que se possa, a partir do *corpus* recolhido, sistematizar as constantes.

A frase, que visa a informar ou advertir, tem valor declarativo ou imperativo. Ela é curta, constituindo-se de um sintagma ou de uma única oração, e sintética.

O texto busca o impacto. Dispensando-se todo e qualquer recurso de enfatização, concentra-se no verbo e no substantivo, sempre em benefício da rápida captação da mensagem por parte do passante ocasional.

DOCUMENTÁRIO

1. *Ceará*

Forró do cuidaids com o fundo II
Forró nem qu'eu me lasque
Comcerto em varal
Sebolinha
Emcaso de estrupo relaxe e goze
Ricardo Boa Viaje
Nenhum almento
Orden e respeito Ambienti família
Faz-se unhas
Preciza-ce de conzinheiro
Proibida a entrada de pesoa extranha
Vende: xuxures senouras e abatido
Consestamos jeladeiras
Vende-se sopas
Conserta-se estufados
Cesar Burracharia
AKI CIMENTO
Fat'mas Confecções
Vende-se ovo conzido
Concerta-se Bisicletas
Velocipe carrinho de nenen
Solda-se Fala com Silva
Fóra Sarney
Sônhos Acredite neles

2. *Rio Grande do Sul*

Ofiçina
Chapiação. Solda e pintura
Vernises Wanda
Borrcharia do Manuel
Compro TV estrangada Troco
Madeireira Santa Maria
Forrinho arreia pedra
Precisa-se carpinteiro e pedrero
Eletrecista
Máquinas agriculas
Concertos de calçados
3 X sem acréscimo preço avista
PIS — Nova tabela a partir de 1º de agosto
Marise Cabelereiras
Almoco Alá Minuta
Calçados Fardo
Fábricação propria
Fruteira
Frutas — Verduras — Flores
Atacado de genêros alimentícios
A Barateira
Roupas feitas e calçados
Tudo pelos menores prêços
Loja Tres Passos
Mecanica
Metalurgica
Horario de atendimento
Segunda à sabado
 8 as 12h
14 as 18h
À escolher
crz 300,00

Vende-se
Tratar rua
João Pessoa
nº 177 Fundo

Concertos
de macacos
E
cerviço de
torno en geral

Vendem
os este
tereno

Borracharia
São Cristóvão
Oficina meçânica

Fizemos a revelação
de sua foto na hora

Milto
Cabelereiro

Emprêsa de Transporte coletivo

Centra-se arros de motor

Fornese-se ciandas

Faz-se chaves

Ovos branco
18,00 à dúzia

Cuidado
Cães Bravo

Necessita-se faxineiras

Fruteira Vitoria
Especializada em batata cebola
Alho tomate de batas e verduras
Vasos e Xaxin e aranjos de flores

Animais
do sexo
esplícido

Sequêstradores
maniacos
sexuais
assassinos

Favor não
Depozitar
lixo

Frianbeiria

Os obegtos para
concertos dvrã
o cer retirados
dentro de 60 dias
ao contrario não
ce responsabil
izemos

Cerviso avista
Cheque ao espesial c/ca
rtão

Afi-a-se facas
em geral

Amolador
Afiace alicates de coticola

Promosão ovos
dz 14,00

Borracharia e
recapajem de peneus

Temos linguisa calabresa

Aviario Mãe Oxum
Aves – ovos – pombos
angulistas – perús – garnizés

Vende-se xineloa

3. *São Paulo*

Preciza-se de cozinheiro

Precisa-se balconistas pedreiros serventes

Precisa-se balconistas caixa faxineiro

Preciza-se de açolgueiro

Preciza-se pedreiros

Precisa caixa balconista
Auxiliar linpeza

Precisa fachineiro
Precisa-mos de tapeceiro
Precisa de overlockista
Precisa: faxineiro
auxiliar de compras
Precisa-de de recepicionista que
estege cursando o 2º grau
Compro roupas uzada
Compro materiaes usado
Aluga quarto
Aluga-se quartos para rapaz
Aluga-se trajes
Vende-se! Grand Liquidação!
Para limpa casa
Roupas Tecidos
Material Domestic
em geral!
Vende-se guarda-roupa seme-novo
Vende-se roupas usada
Vende-se qua loja
Vende-se fichas telefonica
Vendem-se materiais usado
Reforma-se moveis e estofados
Transfere o ponto
Dar-se costura para fora
Ademite-se pedreiros
Temos colvim
Temos gelo aquí
Temos cafe muido na hora
Fazemos escursões e
carretos
Só aceitamos cheque especial
Não ensista
Fui almusar
Volto logo

E expressamente proibido estacionar
É proibido a entrada
Proibido estaçionar
Zéle este veículo Ele é a sua condução
Seja bemvindo
Ce você quizer me telefona
Roupas simi novas
Prato para viaigi
Malmitas
Peti-fus 300,00 kg
Petifúr
Restoração de moveis
em geral
Lustração e ceramento
de portas e landris
Calças de brin
Ginastica femenina
Doce siriu
Direto do sitiu
Vagas para rapaz com refeição
que trabalhe fora ou estude
Impermeabilização
Mamães amazonas
Varge Couve manteiga
Uvas italias
Lima da percia
Mecherica
Maquilagem à domicilio
Sugeito à guincho
Pães doces e salgado
Aceita-se encomendas
Conserto-e-pintura
Segunda feira
Cirurgião Dentista

Grandes ofértas
Meias cuécas camisas
Às sacolas devem ser deixadas na portaria
Contra c/ fritas
X-burguer X-salada X-maionese
Cabeleireiras Infantil
Emcanador
Academis mais badalada do Jardins
Manicuri Bedecuri e Trança
Grupo de discursão da greve
Costureira en jerau
Borracharía
Uzo exclusivo da firma Lukaço LT.D.
Lús Obrigado
A caixa de lúz está au lado
Venda de engressos
Parque de diverssõoes
Eletro paulo
Xaves ao lado

Emcanador
Instenção (extensão)
Fichas so valem para o dia que foi tirada
Para (o ônibus) somente no ponto
Rua Oiapock
4 pôr 10,00
PRAMAR
Maiôs e bikinis
Abat-jurlando abajuis
Showtembro
Sadwicheira
Salgadeira
Ranchonete
Cozilandia
Sapatolandia
Moças maior
Sujestões do matri (maître)

OS IMPRESSOS VOLANTES

As ofertas de serviços especiais, anunciados em folhas volantes distribuídas pelas ruas, são graficamente organizadas segundo certos padrões: têm título, às vezes subtítulos e intertítulos, trechos postos em relevo mediante grifo, caracteres tipográficos diferenciados, palavras ou frases em caixa alta, vinhetas, enfim, um *lay out* denunciador da intermediação dos profissionais do ramo – os tipógrafos, que, no entanto, dificilmente escapam à mesma qualificação sócio-cultural dos demais usuários do PPE.

Não ocorrem, portanto, nesses textos, problemas de grafismo no traçado das letras, próprios dos manuscritos executados por particulares, como os dos feirantes e, sobretudo, das tabuletas expostas nas ruas.

O uso de maiúsculas, por exemplo, quase sempre direcionado ou para o nome do anunciante ou para o realce de palavras-chave, evidencia a prioridade conferida à divulgação, em detrimento das regras gramaticais:

Quer conhecer os motivos dos seus Fracassos?

Sejam quais forem os vossos interesses, Comercial Particular, Amoroso, Viagens, Dificuldades em vencer algo na vida (...)

Joga-se Búzios e Tarô

Este último fragmento apresenta-se exatamente igual em mensagens de diferentes anunciantes, documentando, assim, certa padronização, possivelmente efetuada pelos tipógrafos, habituados a imprimir esse tipo de texto. Haveria, assim, uma espécie de esquema básico, ao qual se juntariam dados peculiares a cada anunciante. Disto resultam consequências lingüísticas: a parte fixa é aproximadamente gramatical, enquanto a parte variável apresenta irregularidades e contrastes de vários tipos.

No plano da ortografia o acatamento das regras em vigor, inclusive as de acentuação, é freqüente. Esse fato parece atestar a presença de um redator consciente dos requisitos da linguagem escrita – fato comprovável, também, na tentativa de eliminar qualquer infiltração da oralidade. Um caso como a troca de *mau* por *mal* é único (*Não esqueça: o bem e o mau existe*).

Essa censura, no plano ortográfico, não tem, contudo, correspondência no plano da sintaxe, conforme se verá.

A Organização do Texto

Em geral encabeça a folha volante um apelo: *ATENÇÃO, LEIA COM ATENÇÃO, MANDE LER O VOSSO DESTINO, SORTE, SOLUÇÃO.*
Segue-se, freqüentemente, o nome do prestador dos serviços oferecidos, cerimoniosamente apresentado: *D. LÍDIA, DONA BEATRIZ, DONA MARINA, DONA JUREMA etc.*
Esse nome próprio, que precede imediatamente a mensagem, já é parte dela, funcionando como sujeito da primeira oração a seguir:

D. LÍDIA
Compromete-se a...

À mensagem, que é o núcleo do texto, seguem-se dados sobre o horário de atendimento, o endereço, informações sobre a melhor maneira de atingir o local e, às vezes, o preço da consulta. O núcleo do texto compreende um encarecimento da pessoa do anunciante, relacionadamente com as carências comuns dos indivíduos, e a enumeração dos serviços propostos:

SORTE
O teu signo causa-lhe um caráter violento, mas de pronto se arrepende da equivocação, pague sempre o mal com o bem, não se aflija porque terás novas notícias que lhe farão desaparecer a tristeza.
Não sejas ciumenta nem penses que lhe é infiel, e não dê ouvidos aos maus conselhos. Se V.S. escutar os seus vizinhos terá desgostos.
As obrigações de sua casa por-lhe-ão em bom caminho.
Terá sorte na loteria com o nº 4763.

Como se vê, a parte nuclear da mensagem une dois pólos: o negativo correspondente às carências do destinatário, e o positivo à proposta de solução que o destinador oferece.
No pólo negativo, expõe-se um problema, discriminado mediante uma série de afirmações ou perguntas (diretas ou não, com ou sem a pontuação pertinente) que recobrem o maior número possível de casos de dificuldades e dúvidas, que justifiquem o recurso às forças espirituais de que o anunciante se pretende detentor.

No pólo positivo, a oferta de ajuda é já uma primeira resposta, é um elo entre o indivíduo em dúvida ou dificuldade e aquele que se dispõe a socorrê-lo – é uma promessa tácita de solução dos males que afligem o comum das pessoas, sobretudo mulheres, no seu dia-a-dia.
Os seguintes exemplos ilustram bem o estabelecimento desse elo:

1. Quer conhecer os motivos dos seus Fracassos?
   Tens casos íntimos a resolver?
   Vives nervoso, desanimado, ha desarmonia em seu lar.
   Querem abrir seus caminhos, descobrir o que vos preocupa..

2. Por meio de uma consulta vos revelará os fatos mais importantes de nossa vida.
   Venha ver para crer.
   Vá hoje mesmo visitar a célebre vidente que indicará meios necessários à remoção de qualquer dificuldade de vossa casa!

O discurso direto que geralmente caracteriza a primeira parte da mensagem segue certa organização textual padronizada. Evidentemente, o diálogo é de via única, já que a resposta não é dada pelo inquerido, mas, retoricamente, pelo próprio indagador. De qualquer forma, os textos oferecem oportunidade para exame do tratamento gramatical.

Em princípio, o destinatário é *tu*, na maioria dos documentos. Esse tratamento, contudo, não se mantém, alternando-se com *Você*, *Vossa Senhoria* e *Vós* – e verbos correspondentemente flexionados:

Não sejas ciumenta nem penses que lhe é infiel e não dê ouvidos aos maus conselhos. Se V.S. escutar os seus vizinhos terá desgosto

O teu signo acusa-lhe um carater violento
não se aflija porque terás novas

Querem abrir seus caminhos, descobrir o que vos preocupa (...)
Venham ver para crer

Estes dois últimos exemplos evidenciam um dos traços mais freqüentes nesse tipo de textos: a passagem do discurso direto para a parte expositiva, ou, respectivamente, da motivação para a consulta e o aceno de solução, faz-se abruptamente, sem explicitação dos mecanismos de sinalização de causa e efeito.

O Vocabulário

O vocabulário relativo ao núcleo da mensagem veiculada nas folhas volantes difere muito do que aparece nas partes restantes, as informativas. Nestas, é de ordem referencial, correspondendo a dados precisos, claros e completos, para que o interessado se encaminhe sem tropeços ao encontro do anunciante.

Quanto ao vocabulário da mensagem, leve-se em conta, primeiramente, que o texto é padronizado, não havendo, portanto, grande margem para variação estilística – o que talvez ocorresse se o próprio anunciante fosse o seu redator, ou o único redator. Além disso, o teor da mensagem é sempre o mesmo, a oferta de serviços místicos por uma "vidente", "espírita", "professora", "cientista":

Vá hoje mesmo visitar a celebre vidente...

DONA DIVA espirita vidente, reune todas as qualidades espirituais para ser uma figura central no cenário místicos dos Orixás

DONA MARIA Clarivedente

A mais famosa cientista da America do Sul em Grafologia e Astrologia

A professora Bete mora

Correlatamente, os serviços oferecidos são "científicos" ou derivam de "conhecimentos" não muito especificados:

DONA MADALENA com seus conheciementos lhe orientará

Dessa forma, a área semântica que se relaciona com o anunciante e seus serviços, por uma parte, e, por outra, com o possível interessado neles, compreende um conjunto de vocábulos cujo hiperônimo seria *convicção*. Situam-se nessa área substantivos como *confiança, fé, garantia, alcance;* adjetivos como *seguro, garantido, certo, sincero;* verbos como *crer, garantir, descobrir, orientar, conseguir, solucionar, resolver.*

A fonte da *convicção* é a pessoa do anunciante, que se apresenta como agente capaz de atuar em favor do interessado carente, porque dispõe de poderes especiais para controlar forças extraterrenas. A notoriedade de seu nome é, pois, argumento de convicção. São freqüentes adjetivos como *famosa, célebre, conceituada* ou equivalente:

DONA DIVA Conga da Bahía foi a mais conceituada no 1º encontro das profecias na Bahia

não é uma novata em sua especialidade

a mais célebre da América do Sul

Conseqüentemente, seus serviços são *sérios, garantidos, honestos*. A essa coroa de valores positivos ligada à figura do anunciante opõe-se a que circunda o destinatário, esta marcadamente negativa (*dificuldades, vícios, fraqueza, sofrimento, fracasso, perda, embaraço, doença, inveja, preocupação*); ou, no mínimo, neutra, visando, neste caso, a um público mais curioso que carente do arrimo das forças extraterrestres (*amores, interesses, negócios, compra, venda, viagem, futuro*).

Todas as possibilidades de interesse em relação à mensagem aparecem globalizadas num indefinido – *algo, todo, qualquer* – que abrange as múltiplas razões não mencionadas que poderão mover o destinatário a procurar o anunciante:

Dificuldades em vencer algo na vida, separação de amantes, enfim, todo e qualquer assunto

qualquer embaraço, qualquer vício ou sofrimento

Além das áreas semânticas referentes ao emissor e ao receptor, surge, eventualmente, uma terceira, em que ambas se associam. Trata-se de uma espécie de antecipação dos serviços propostos, sob a forma genérica de conselhos de vida, verdadeiros ditos de sabedoria popular. Aí se veicula um vocabulário necessariamente vago, de nítida conotação mística:

Você é uma pessoa divina, precisa tratar do espírito, para chegar aos seus objetivos

A verdadeira receita contra angústia, o medo, a falta de confiança própria, é fenomenos que não tem explicação científica

Qualquer decisão é facil de tomar mas acertadamente poucos a tomam

Muitas vezes a gente sofre sem ter necessidade, mas o mal existe e a solução do mal também

às vezes a cura está tão perto e a gente não vê, ou o proprio mal não deixa

a vida é boa mas às vezes pessoas atrapalham a nossa vida

Complementando esse vocabulário que pressupõe desorientação, credulidade, por parte do possível interessado, surge outro, mais realista, fundamentado na experiência do anunciante, que alerta para os perigos do descaminho:

> Peço o favor de não me confundirem com outras videntes que talvez já tenha visitado
> Não faça comentários antes de me visitar
> Não confunda a DONA DIVA
> Pedimos portanto, não a confundir com outras profissionais
> Peço não fazerem comentários antes de me visitarem

De maneira geral, quanto ao vocabulário usual nesse tipo de texto, pode-se dizer que, se a freqüência de adjetivos valorativos e de substantivos abstratos parece apontar para certa elaboração do PPE, o excesso de repetição e de fórmulas consagradas atesta apenas certa formalização funcional. As frases-feitas, às vezes pretensamente literárias, indicam, ao contrário, pouco trato com a palavra escrita, pois constituem moldes para enformar diferentes casos de necessidade de apelo ao sobrenatural:

> tens caso íntimo a resolver
> fazer voltar alguém em sua companhia
> tens amor não correspondido
> todo e qualquer assunto
> seja qual for o seu problema

Quanto ao nível, o vocabulário oscila, portanto, entre o pretendido culto e o inescapável comum. A sintaxe segue o mesmo acoplamento.

A construção

Assim como o vocabulário, a construção das frases nos anúncios volantes apresenta aspectos heterogêneos: por um lado, traços que, à primeira vista, se poderiam classificar como de nível culto; por outro, manifesta inabilidade em trabalhar com o material lingüístico desse nível.

A presença de formas verbais características do nível culto, como o futuro do presente sintético (*será, fará, satisfará, indicará, revelará*), o futuro do subjuntivo (*estiver, forem, recorrerem*), o infinitivo pessoal (*além de estarem, ao leres*), o presente do subjuntivo (*para que se tenha, que lhe preocupe*), todos regularmente empregados, parece apontar para uma intenção de modelar o texto por padrões gramaticais.

Outros fatos, porém, sugerem uma realidade diversa. Sirva de exemplo o pronome *se* indicativo de sujeito indeterminado, que, ora aparece gramaticalmente empregado (*Atende-se das 8 às 21 horas*), ora é substituído pela construção pessoal, ativa (*Ela atende todos os dias*), ora vem cruzado com esta última construção (*Atende-se em sua residência*), em que o sujeito suposto é *ela*, representado por *se*.

Outro aspecto que atesta a mesma pouca familiaridade com os recursos gramaticais da língua, também ligado à expressão do sujeito, está na ruptura do critério de implicitação. Vale dizer: aquela capacidade que o produtor do texto (e, com ele, o leitor) tem de conservar em mente o sujeito de que se trata, em orações sucessivas, às vezes dispostas num longo período, no qual as últimas já estão muito distantes daquela oração em que o sujeito vem claramente expresso. Num discurso gramaticalmente controlado, a noção do sujeito inicialmente explicitado, fica imanente no todo, independentemente da extensão do período ou de ocasional intersecção de orações que têm sujeito diverso. Isso ocorre normalmente na conversação entre dois falantes cultos, que mantêm mentalizado o sujeito de que se trata. Já no nível popular isso nem sempre se verifica. O pensamento percorre caminhos próprios, não balizados por uma pontuação que garanta sua interpretação gramatical.

Nas folhas volantes isso acontece principalmente quando se passa do discurso direto para o expositivo:

> Querem abrir seus caminhos; descobrir o que vos preocupa, a DONA MARIA trabalha com as suas forças e pela grande vidência

Nesse fragmento, o primeiro verbo (*Querem*) refere-se evidentemente ao receptor – vocês – a que se associa, na segunda oração, o possessivo *vos*, como se verifica em muitos textos desse tipo, nos quais se procura manter um tratamento entre o familiar e o cerimonioso, isto é, certa formalização característica desse nível. As duas primeiras frases são interrogativas, ainda que não tragam a pontuação pertinente, e a terceira constitui a resposta.

O seguinte exemplo é igualmente bem representativo desse tipo de estrutura discursiva:

49

> Quer saber o que reserva o futuro? Quer conhecer os motivos dos seus Fracassos? Tens casos íntimos (...)? Tens dificuldades
> Trata também de frieza ou fraqueza sexual

Aqui, além da ruptura entre pergunta e resposta, ocorre uma elipse que poderia ser assim preenchida: Fulana trata disso tudo e também de frieza e fraqueza sexual.

Já no exemplo a seguir a implicitação do sujeito não só ocorre, comprometendo a sintaxe, mas é textualmente registrada, mediante repetição (*trabalhos... são garantidos, ... são garantidos*):

> ... pois os seus trabalhos, além de estarem ao alcance de todos, são garantidos, sejam quais forem os vossos interesses (...), enfim, todo e qualquer assunto que estiver ao alcance da mesma são garantidos, rápidos

Os seguintes exemplos documentam bem as rupturas sintáticas comuns nesses textos, além da intersecção de diferentes tipos de discurso:

> O teu signo acusa-lhe um carater violento, mas de pronto se arrepende da equivocação, pague sempre o mal com o bem, não se aflija porque terás novas notícias que lhe farão desaparecer a tristeza.

> A verdadeira receita contra angústia, o medo, a falta de confiança própria e fenômenos que não tem explicação cientifica pode ser solucionado por alguém

Este último fragmento poderia ser lido assim:

> A verdadeira receita contra a angústia, o medo, a falta de confiança própria é uma consulta a Fulana, pois esses são fenômenos que não têm explicação científica, mas podem ser solucionados por alguém

A elipse – nominal, verbal, oracional – pode, pois, ser responsabilizada por quase todos os casos de falta de conexão sintática, inclusive naqueles em que seu efeito é menos caótico, como nos três exemplos a seguir, devidamente resgatados:

> 1. facilitar um casamento, noivado, um negócio difícil, fazer voltar alguém que vos tenha separado...
> facilitar um casamento, um noivado, um negócio difícil, fazer voltar alguém que de vos se tenha separado.

2. aprende a ser feliz um honesto viver
   aprende a ser feliz, mantendo/levando um honesto viver
3. Enfim, trata dos que V.S. não encontra solução.
   Enfim, trata dos casos para os quais...

É possível que essa ausência de controle sintático do texto esteja em relação com a tendência, já assinalada em relação ao vocabulário, de impressionar o destinatário mediante uma elaboração de linguagem que não se apóia, no entanto, nos recursos lingüísticos adequados a essa finalidade.

Traços dessa possível intenção podem ser também levantados no que respeita à regência, que ora se processa de acordo com as regras gramaticais, ora não, como em:

dificuldades sobre amores
por-lhe-ão em bom caminho

A par de tais construções também se encontram casos de regência regular:

meios necessários à remoção
todos que a ela recorrerem
convicção do que se quer saber
compromete-se a esclarecer

Assim como a regência, também a concordância nem sempre segue as prescrições gramaticais:

A solução de todos os males que vos aflige
o bem e o mal existe

A irregularidade no controle da sintaxe, contrastando com o que se verifica no nível superficial, concreto, da ortografia, decorre da dificuldade de operar no plano abstrato das relações. A tentativa de formalização, pretendida nesse tipo de texto, apesar da relativa correção ortográfica e também de seu vocabulário selecionado, pouco usual, enreda-se na sintaxe. A construção do período, com suas armadilhas, aprisiona facilmente um produtor pouco afeito ao trato com a língua escrita.

Síntese

O exame dos textos do PPE, tais como se apresentam nos anúncios volantes, acusa semelhanças e oposições, relativamente aos demais tipos que temos analisado.

Opõem-se claramente aos textos manuscritos produzidos por populares, tanto os encontrados nas bancas dos feirantes, quanto os expostos em placas, tabuletas e similares; e se aproximam daqueles textos ligeiramente diferenciados a que aludimos no capítulo dedicado à linguagem das tabuletas.

O traço de semelhança entre as duas manifestações referidas parece dever-se à intermediação de um profissional do ramo, habituado às praxes na execução dos textos encomendados. Esse intermediário, apesar de ser, também ele, um falante popular, tem consciência do que se espera de um texto escrito para a finalidade em questão. E a prática o habilita a concretizar certo grau de formalismo nos planos mais externos da língua – a ortografia e o léxico.

Como a praxe o comanda, o texto surge como uma grande fórmula, em que se consagra uma tradição de linguagem.

Note-se que essa tradição também está presente, até certo ponto, na fala da anunciante, quando no desempenho de suas atividades: uma simples consulta a qualquer delas poderá comprovar que, na situação vidente/consulente, surge sempre, por parte daquela, uma espécie de formalização de linguagem, apoiada em clichês (inclusive no tipo de tratamento, pouco usual, atribuído ao cliente); e que, fora dessa situação, a linguagem da mesma pessoa se identifica com a de qualquer falante popular.

Da prática apenas situacional de um tipo de linguagem consagrada, por parte de um mesmo usuário pouco afeito ao exercício lingüístico de outro nível, resulta certa inabilidade na manipulação da linguagem escrita, notadamente no plano abstrato que é o das relações sintáticas.

Esses produtores de texto valem-se facilmente de fórmulas até pomposas, cunhadas pelo uso oral tradicional em determinada situação; mas quando devem encaixá-las num texto escrito, que tem seu próprio estatuto, acusam certa irregularidade. Esse encaixe irregular está na raiz de certas incongruências que se verificam nas folhas volantes. Como pretendem cativar, seus produtores expandem-se em construções de que não detêm o devido controle, do ângulo racional, mas atingem perfeitamente o seu objetivo, visto que não é à racionalidade do destinatário que fazem apelo, mas à sua emocionalidade.

A irregularidade do encaixe entre vocabulário e sintaxe, no núcleo da mensagem, estabelece contraste entre essa parte e o restante do anúncio, sobretudo a segunda parte, que é referencial, constando de informações sobre horário, local, preço da consulta e outros dados indispensáveis à boa consecução do propósito do anunciante. Nessa parte final, expressa em sintagmas e orações independentes ou coordenadas, poucos desvios se notam em relação às prescrições gramaticais.

Outra característica dos anúncios volantes, sobretudo em sua parte nuclear, em oposição a outros documentos aqui estudados, em que também se apregoam serviços (anúncios em tabuletas e semelhantes), está em que aqueles devem necessariamente explorar o período, porque desenvolvem uma retórica de convicção, e estes se apóiam no vocábulo, freqüentemente designativo daquilo que responde às necessidades comuns dos passantes.

A maior complexidade do texto típico dos anúncios volantes decorre da importância de realçar, não só a natureza dos serviços oferecidos, mas também as qualidades pessoais de seu prestador, assim como as carências e deficiências do destinatário. Essas várias dimensões requerem argumentação adequada; e, dada a natureza do comércio de que se trata, isso ocorre no plano da subjetividade, no qual necessariamente se estabelecerá a relação anunciante/cliente potencial.

Note-se que o caráter convencional do texto não interfere, aparentemente, na eficácia do apelo, dado o nível em que se estabelece aquela relação – de popular para popular. Ao contrário, contribui para isso, pois se coaduna com o discurso místico/moralizante que desenvolve.

DOCUMENTÁRIO

D. LIDIA

Compromete-se a esclarecer os fatos de sua vida.
Como dúvidas, mau olhado, perturbações, inveja, amor não correspondido, negócios.
Seja qual for o seu problema faça sua consulta.
CONSULTA Cr$ 500,00 (Quinhentos Cruzeiros)
— Também joga Búzios —
ATENDE-SE DAS 8 ÀS 21 HORAS. INCLUSIVE SÁBADOS DOMINGOS E FERIADOS
Rua da Consolação, 2.757 — São Paulo
(ESQUINA COM A ALAMEDA JAÚ)

Leia com Atenção: — DONA BEATRIZ

Promete pelos meios de seus estudos que satisfará plenamente a todos que a ela recorreram para fins científicos sobre a vida, sorte ou assuntos particulares de cada um. Uma consulta será bastante para que se tenha convicção do que se quer saber, pois os seus trabalhos, além de estarem a alcance de todos, são garantidos, sejam quais forem os vossos interesses: Comercial, Particular, Amoroso, Viagens, Dificuldades em vencer algo na vida, separação de amantes, enfim todo e qualquer assunto que estiver ao alcence da mesma são garantidos, rápidos.

Atende todos os dias, também Domingos e Feriados
Das 8 da manhã às 9 da Noite

AVENIDA WASHINGTON LUIZ, 578 — SANTO AMARO

Tomar os Onibus Pedreira que sai do Largo São Francisco e Cidade Dutra que sai da Praça das Bandeiras e descer no cruzamento da Avenida Washington Luiz com a Rua Borba Gato "1º Ponto" a pósa Textil Gabriel Galfat (TGC)

Consulta Cr$ 10,00 (dez cruzeiros)

ATENÇÃO

Mande revelar seu destino pelos búzios eles revelarão com precisão os fatos mais importantes de vossa vida.

Viagens, negócios, separações, questões amorosas, sofrimentos espirituais, demandas, perda de lucro em s/ indúst., lavoura ou comércio.

Alguém está fazendo algo para te destruir, acabar com seu namoro, noivado ou casamento.

Você está sendo vitima de trabalhos, inveja ou demandas. Não se desespere na vida, não destrua seu lar antes de realizar qualquer negócio faça uma visita que D. LUIZA através de seus conhecimentos e poderes ocultos lhe orientará na solução dos seus problemas.

D. LUIZA atende todos os dias das 9 às 20 hs., inclusive domingos e feriados.

RUA TUIUTI N.o 1385

À 50 metros da Estação Tatuapé do Metro e a 100 metros da Avenida Celso Garcia. Condução: Via Celso Garcia Descer na Altura do N.o 3798 Via Radial: Descer na Estação Tatuapé do Metrô.

NÃO SE DESESPERE DA VIDA!..

Quem em nada acredita, nada consegue.
Venha visitar meu Congá· Templo Espiritual de Umbanda
"RAINHA DO MAR" Convida

No programa da fé haverá esperança; saiba a verdade, pois uma espírita vidente sôbre a face da terra lhe orientará na sua vida como sejam: no seio de sua família, nos negócios,

Se você tem problemas visitando a "MÃE MARY" ele poderá ser resolvido. Trabalhos garantidos sôbre ataques, questões e negócios embaraçados e sôbre partes amorosas. Enredo com sua familia? Seus amores são mal correspondidos? Seu casamento esta sendo dificil de se realizar? Não se preocupe! Tudo poderá ser resolvido. Procure hoje mesmo a "MÃE MARY" que ela garantira sua felicidade. Não faça comentarios antes de visita-la.

Ela se encarregará de qualquer trabalho.

diariamente, na AV. CELSO GARCIA, 5.309, próximo ao Cine Cic, antigo Cine São Jorge, no horário das 8 ás 20 horas, inclusive domingos e feriados.

Sessões de passes e curas todas as 6as feiras às 20 hs.

Leia com Atenção: — DONA MARINA

Promete pelos meios de seus estudos que satisfará plenamente a todos que a ela recorreram para fins científicos sobre a vida, sorte ou assuntos particulares de cada um. Uma consulta será bastante para que se tenha convicção do que se quer saber, pois os seus trabalhos, além de estarem ao alcance de todos, são garantidos, sejam quais forem os vossos interesses: Comercial, Particular, Amoroso, Viagens, Dificuldades em vencer algo na vida, separação de amantes, enfim todo e qualquer assunto que estiver ao alcance da mesma são garantidos, rápidos.

Ela atende em sua residência das 9 às 21 horas.

inclusive aos sábados, domingos e feriados.

Rua Domingos de Moraes, 2121 — Vila Mariana

CONDUÇÕES: Perdizes 600 - Praça João Mendes
S. P. via Diadema - Barra Funda - Mercado Lapa
via Angélica - Consolação - Clinica Paraiso.

≡ Leia com Atenção ≡

MANDE LER O VOSSO DESTINO

DONA JUREMA

A mais famosa cientista da América do Sul em Grafologia e Astrologia. Por meio de uma consulta vos revelará os fatos mais importantes de vossa vida; Assuntos particulares, Negócios, Viagens, Casamentos.

Fazer voltar alguém para sua companhia ou qualquer assunto que lhe preocupe. E trata também de qualquer embaraço, qualquer vício ou sofrimento espiritual, trata também de pessoas desenganadas de qualquer mal. Seus trabalhos são rápidos, sinceros e garantidos.

Atende todos os dias, também Domingos e Feriados
Das 8 da Manhã às 9 da Noite

Consula pela Bola de Cristal Cr$ 5,00

E sua residencia **Rua do Rosário, 1356 - MANEJO** (ao lado da Cerâmica São Carlos, a dois minutos da Rodoviária de Resende - onibus a porta: Liberdade, Circular, C. da Aviação e outros

Resende — **Est. do Rio**

≡ Leia com Atenção ≡

MANDE LER O VOSSO DESTINO

Professora VERA

A mais famosa cientista da América do Sul em Grafologia e Astrologia. Por meio de uma consulta vos revelará os fatos mais importantes de vossa vida; Assuntos particulares, Negócios, Viagens, Casamentos.

Fazer voltar alguém para sua companhia ou qualquer assunto que lhe preocupe. E trata também de qualquer embaraço, qualquer vício ou sofrimento espiritual, trata também de pessoas desenganadas de qualquer mal. Seus trabalhos são rápidos, sinceros e garantidos.

Atende todos os dias, também Domingos e Feriados
Das 8 da manhã às 9 da Noite

RUA CARLOS DE CAMPOS, 535 - PARI

A LINGUAGEM DAS CARTAS

OBSERVAÇÕES

● A correspondência popular aqui estudada compreende vinte cartas familiares ou sociais, escolhidas aleatoriamente, sendo dez escritas por homens e dez por mulheres, de idade entre dezoito e setenta anos, de instrução primária completa ou incompleta, de condição sócio-econômica modesta – avaliada pela profissão ou ocupação –, e provenientes de vários pontos do país – São Paulo, Minas Gerais, Bahia, Alagoas, Amazonas.

A referência geográfica, que, com a supressão dos cabeçalhos das cartas, não aparecerá, realmente é dado secundário para este estudo, em que não serão considerados os traços regionais, mas os do PPE brasileiro.

Além dos cabeçalhos, foram também suprimidos outros dados que pudessem constituir elemento de identificação do signatário. Assim, os nomes dos destinatários foram reduzidos, conforme o caso, a uma ou duas iniciais, seguidas de reticências. Este sinal de pontuação, que nunca ocorre nas cartas, evita falsa leitura, induzida, por exemplo, caso aparecesse a letra isolada ou seguida de ponto final, visto que, nas cartas, tanto a ortografia como a pontuação podem ser eventualmente arbitrárias.

● Para facilidade de referência, organizou-se o *corpus*, apresentado no final do capítulo, em duas partes: cartas masculinas, designadas por *M*, e femininas, por *F*, seguindo-se, em ambos os grupos, o número da carta na seriação adotada: M-1, M-10, F-1, F-10 etc.

Merece reparo a carta M-9, escrita por duas pessoas: o signatário, homem, inicia e encerra o texto, depois da interferência de uma mulher, sua esposa, que é também autora do *post-scriptum*. Essa autoria dupla, não topicamente assinalada, comprova-se, por exemplo, pelo exame da concordância nominal. Assim, a parte devida à mulher contém expressões como "fui operada", "fui vitoriosa", "estou boa", "sua irmã". A parte masculina se identifica pela expressão "Estou velho doente" e pela referência explícita à sua mulher: "Ela pede que o senhor Abençoi o afilhado dela e os netos".

- Quanto ao tipo das cartas examinadas, considerando-se o seu conteúdo, verifica-se que são, na maioria, informativas, destinando-se a dar e solicitar notícias, e a manter a comunicação entre destinatário e destinador.

O discurso, em várias cartas, tem caráter também narrativo, focalizando personagens e acontecimentos de um modo partilhado e muito marcado afetivamente. É pela carta que a personagem-remetente e a personagem-receptor entram em "conversação", mediante perguntas cujas respostas, ou são antecipadas pelo próprio signatário, ou são cobradas, como elo mantenedor dessa "conversação" à distância.

Esse caráter narrativo predomina nas cartas femininas, enquanto nas masculinas ocorre maior variedade de tom discursivo e, conseqüentemente, de estruturação. Em três delas (M-4, M-5, M-6), trocadas entre membros de uma irmandade religiosa e seu mentor, as notícias reduzem-se ao mínimo ditado pela cortesia, cabendo lugar de destaque a reflexões de ordem moral e religiosa. E na carta M-3, em que se trata de relações de trabalho, encontra-se exemplo de uma verdadeira dissertação, no sentido tradicional da palavra, pois nela se distinguem claramente as suas partes típicas: uma introdução, em que se anuncia o motivo da carta; um corpo expositivo, constituído por argumentação baseada em raciocínio lógico, convenientemente ilustrado; e uma conclusão, tirada do exposto, em que se toma posição e se apresenta uma proposta com projeção para o futuro. Essa carta, escrita por um homem de instrução primária, mas sólida formação religiosa, é de sumo interesse, pois documenta o rumo natural do pensamento humano quando direcionado para a defesa de idéias.

- Quanto ao plano de composição, todas as cartas apresentam as três partes constitutivas típicas do gênero epistolar (além do cabeçalho, suprimido): uma saudação inicial, outra final, contendo a despedida; e, entre elas, o enunciado, o corpo da carta propriamente dito.

A saudação inicial consta de um vocativo, seguido ou não de fórmula de cortesia, centrada num optativo: expressão de votos de saúde, de bons augúrios. O verbo *esperar* está presente, nesta parte, na maioria das cartas.

Observe-se que as cartas trocadas entre membros de irmandade religiosa trazem fórmulas iniciais consagradas em suas práticas, como "A Paz de Deus" (M-5, M-6).

Já as fórmulas de despedidas são menos freqüentes e menos estereotipadas. Contêm, muitas vezes, um verbo que anuncia textualmente o fim, como *terminar, finalizar, despedir-se*; ou a própria palavra *fim* (F-6); ou ainda a liqüidação do assunto, mediante expressões como "sem mais".

A tais fórmulas segue-se muitas vezes o envio de lembranças, beijos, abraços, e a confirmação da identidade do remetente, anunciado no verbo *assinar* (F-1, M-2).

Ao contrário das partes inicial e final, que seguem a praxe, o corpo das cartas não obedece a nenhum esquema, a não ser a paragrafação, mais ou menos regulamentar. O texto escorre como um monólogo ante um interlocutor suposto, a que se referem vários vocativos, mediante os quais se consolida a ligação entre destinador e destinatário.

Além do vocativo, ocorre, nas cartas, outro recurso próprio do discurso direto, a presença de marcadores conversacionais: o verbo *olhar*, no imperativo (*Olhe,* M-9, *Olha,* F-4), que estabelece uma situação de fala, pois o destinatário é tratado como um interlocutor presente.

O texto, nessa parte, constitui, pois, uma espécie de conversação monologal convencional.

O ASPECTO GRÁFICO

O aspecto gráfico das cartas – todas manuscritas, salvo uma, M-1, que é datilografada – apresenta a organização espacial de praxe, em que sobressaem as partes constitutivas.

Raramente negligenciada (como em M-4), a paragrafação põe em realce essa organização.

De fato, transparece nas cartas uma consciência tão nítida da convenção relativa à disposição, à limpeza, à apresentabilidade da carta, que numa delas (M-6) aparece um pedido de desculpas, não pela linguagem ou pelos lapsos de língua, mas pela "caligrafia".

A compostura assumida no ato de escrever, ato que não é corriqueiro para esse tipo de produtor de texto, leva a outro cuidado, graças ao qual não há, por exemplo, inversão de letras, como nos anúncios manuscritos encontrados nas vias públicas, em que causas mecânicas, atuando na execução isolada de cada letra, respondem por esse lapso. Outros aspectos, porém, denunciam, nas cartas, um produtor pouco afeito ao exercício de escrever. Note-se que não há rasuras, indicativas de correção de lapso logo percebido, talvez porque haja sempre a possibilidade de passar o escrito a limpo. O que se apresenta é, pois, aquilo que pareceu bem ao seu autor.

As alterações gráficas mais freqüentes, encontradas na documentação, constituem casos comuns de troca, omissão e acréscimo de letra, interpretáveis, muitas vezes, como reflexo da pronúncia, outras como índice da pouca familiaridade com a forma escrita das palavras. Estão aparentemente neste caso os seguintes exemplos:

abençoada (abençoava), M-5
fusção (fuscão), M-6
logas (lojas), F-5
gerido (querido), M-10
borado (borrado), M-1
crianas (crianças), F-7
cubre (clube), F-5
manilha (maninha), F-7
eviando (enviando), F-5
paquinhos (parquinhos), F-5
anangua (anágua), F-9
sabre (sabe), F-7
pregutar (perguntar), F-7

Em alguns desses casos ao descuido na execução gráfica somam-se os hábitos articulatórios, infiltrados na língua escrita. Isso fica bem claro nos seguintes exemplos:

advertência, advertido, M-3
arrepare, M-6
alembrace, alembra-ce, M-6
suais (suas), M-1
pequenais, M-1
bôis (bons), M-1

samos, M-3
propia, M-6
descupe, M-1
poque (porque), M-8
resevita e reservita (reservista), M-8
conpo (compro), M-8
ropa, M-8
suicido (suicídio), M-9
quaque (qualquer), F-8
ursa (úlcera), F-9
memo, F-9
notisas, F-6
caumo, M-2
oumejo (almejo), M-7
siuvil (civil), M-8
fauta, M-8
mau (mal), M-10
saldações (saudações), M-1
rolbou (roubou), M-8
revolver (revólver), F-8
esteje, M-4
esteija, F-6
veim, M-10
voceis, M-2
veis (vez), M-3
dereitos, M-3
emenço, M-9
indereço, M-8
tonbem (também), F-6

Entre os casos de supressão de letras como reflexo da pronúncia, destaca-se, por sua generalização, a do *r* final de sílaba tônica *(pio,* por pior, F-8; *melho* por melhor, M-3), muito freqüente nos infinitivos verbais, principalmente da 1a. conjugação, fato que, à primeira leitura, leva a certa confusão, visto que a forma passa a coincidir com a da 3a. pessoa do singular, no presente do indicativo: *(da,* por dar; *compra,* por comprar; *pronta,* por aprontar; *termina,* por terminar, *esta* por estar).

Note-se que todos esses casos, relativos a verbos da 1a. conjugação, aparecem ao lado de formas plenas de outras conjugações, como *colher* e *ir* (M-8). Não se pode, contudo, sem proceder a um exame estatístico, afirmar que o fato ocorre mais comumente na 1a. conjugação.

Outro ponto de interesse, sobretudo porque também pode constituir motivo de falsa interpretação, à primeira leitura, consiste no acréscimo de um -*r* final, subseqüente a vogal tônica ou átona – fato possivelmente atribuível à hipercorreção, sendo, porém de notar que o acréscimo confere maior carga fônica ao vocábulo, geralmente curto, um monossílabo ou dissílabo. O caso mais comum é o das formas *air* por *aí* (F-8, F-9, M-9) e *dair/da ir* por *daí* (M-8, M-9), mas também ocorre em outras, como:

estar por está, M-9
quer por que, M-1 (repetidamente)
vair por vai, M-6
ir por i (a conjunção e), M-8

Acréscimo de *l'* em final de sílaba só foi registrado em *sol* (só) e *solzinho* (sozinho), respectivamente em F-8 e M-8.

Tendência mais freqüente é a nasalização de *i* central de sílaba, o que ocorre sobretudo com os verbos *ir* e *vir: vim* emprega-se como infinitivo e como futuro do subjuntivo de *vir:*

Não deixe de vim, M-10
Se você não vim, M-10

Casos de nasalização de *ir* são *dem (de ir), veim* (vem ir) e *fuim* (fui ir):

tenho medo dem solzinho, M-8
quando veim compra outro, M-8
eu só não fuim mais o João, M-8

Quanto a esta última forma, encontramos comprovante de sua interpretação num documento não constante do *corpus:* bilhete de uma empregada doméstica, em que aparece: "já fui ir volto logo".

Vocábulos fonéticos formados por aglutinação, como os mencionados, e seus contrapostos, os devidos a disjunção, aparecem comumente nas cartas.

sofala, M-10	poraqui, M-1
agente, F-4	eur gente, M-10
porter, F-6	en comodo, M-9
tidar, F-10	a sunto, F-1
pramim, M-8	aguentar-mos, F-3
paras, F-7	da qui, F-5
porai, F-9	pessoal mente, F-7

PONTUAÇÃO

Aparentemente, nenhuma consideração de ordem gramatical ou lógica – como a preocupação com a compreensibilidade do texto – perturba o fluxo do discurso nas cartas. Por isso, as travas da pontuação reduzem-se ao mínimo e podem constituir reminiscências do ensino escolar, reminiscências imprecisas, de onde o seu caráter às vezes arbitrário.

Nem mesmo o emprego do *ponto final*, no termo dos períodos, é rigoroso: ora está ausente, ora vem substituído por uma vírgula – que também pode ser fruto de descuido na execução gráfica.

Em muitos casos o ponto final parece ter sido dispensado por ser considerado redundante para a função a que se destina: a maiúscula marca o início de nova oração e, conseqüentemente, o fim da precedente.

O emprego do *ponto e vírgula* é raro: aparece duas vezes, no *corpus*, e em ambos os casos se justificaria plenamente, sugerindo algum conhecimento das condições de seu emprego. Isto, porém, não é confirmado pelo restante da pontuação nos dois períodos em que aparece, podendo, pois, considerar-se fortuito o emprego:

Como foi o dia de Corp Cristo aqui foi uma beleza; só que pela 1a. vez não acompanhei a procissão, fui fazer adoração em S. Raimundo depois fui esperar a chegada e assistir a Benção do SS na Piedade, F-3

A... como vai todos ai? nós aqui vamos como Deus é servido; o R... ainda não sarou sempre se queixando e assim vamos indo, F-2.

O emprego de *vírgula*, o sinal de pontuação mais freqüente nas cartas, é irregular, podendo ser supérfluo, omitido ou inadequado. De qualquer forma, raramente corresponde a pausas de fundamento lógico ou psicológico; muito menos parece dever-se ao conhecimento das regras que regem a matéria, embora eventualmente se possa ter essa impressão, como no caso do vocativo:

Carissimo irmão, eu não tenho escrivido, M-4
Caro irmão, nós passamos por uma luta, M-4
Carissimo irmão eu espero o irmão, M-4
querida amiga M... ja escrevi duas cartas, F-1
Minha querida irmã que a paz de Deus esteja, F-2

A respeito do emprego de vírgula com o vocativo, dois casos merecem comentário. No exemplo a seguir o autor pode ter pretendido pontuar gramaticalmente, sem, contudo, lembrar-se da regra pertinente:

cara amiga, A... Como vai?, F-5

No outro caso, a pausa correspondente a vírgula ou dois pontos é marcada pela maiúscula subseqüente, tal como em relação ao ponto final:

Estimado irmão em Cristo Jesus É com grande prazer que lhe escrevo, M-6

Vírgulas indevidas, como a que fratura um sintagma, ou separa sujeito e verbo expressados consecutivamente, ou, ainda, a conjunção e a oração subordinada por ela introduzida, não são raras:

A Paz, de Deus, M-6
São os votos do Amigo, desconhecido, M-1
escrevo com todos os meus, sentimentos e tristezas, M-2
só está faltando ela, mandar a dela, M-7
desculpe se, saiu um pouco borado, M-1
1 metro e, 62 de altura, M-1

Embora às vezes empregados arbitrariamente, a vírgula, o ponto final e o ponto de interrogação constituem a base da pontuação nas cartas. O ponto e vírgula, como se mencionou, aparece apenas duas vezes, assim como os travessões – estes, porém, na mesma carta (F-6); dois pontos, apenas uma vez (F-6), assim como o ponto de exclamação (F-3). Não aparecem parênteses e reticências.

MAIÚSCULAS

O emprego de maiúscula parece obedecer, nas cartas, a duas regras implícitas e está certamente ligado à pontuação.

A primeira regra refere-se ao emprego no início do parágrafo, ou ao ponto em que, para o redator do texto, realmente se inicia uma oração. Nos exemplos seguintes, o verbo inicial, cristalizado como exclamação, aparentemente nenhuma relação tem com a declaração que se segue, estando, portanto, dela desligado:

Olhe, Recebi sua Carta, M-9
Olhe Compadre João, M-9

De qualquer forma, seja no início, seja no interior do parágrafo, o emprego de maiúsculas não é sistemático, com exceção de uma carta (F-1). E pode ocorrer depois de pausa não assinalada por pontuação, como já foi assinalado.

A segunda regra implícita, para emprego de maiúsculas, refere-se a nomes próprios e nomes designativos de divindade. Nesse caso, as poucas exceções encontradas podem dever-se a eventual negligência, como em:

fabiana, debora, M-2
deus, M-2, F-8, M-9

De qualquer modo, a presença de maiúsculas indevidas supera sua omissão nos casos de praxe. Não é raro que surjam em nomes de parentesco (*Pai*, F-7; *Pais*, M-7; *Esposo*, M-9); ou referentes a religião *(Senhor, Vitoria, Paz*, M-4; *Padre*, F-3; *Graça*, M-4; *Santa Palavra*, M-4).

O mais comum, porém, é a presença de maiúsculas não facilmente justificáveis. Poder-se-ia pensar, ocasionalmente, num propósito de conferir à palavra certo realce, como em *Lembrança*, F-7; F-10, M-9; *Amiga, Amizade*, M-1; *Carta*, M-3, M-9); *Abraço*, F-7; *Senhor* (não referente a Deus, mas como forma de tratamento), M-3; *Saude*, M-8.

ACENTUAÇÃO

O emprego de acentos gráficos, nas cartas, não obedece a normas – quer as consagradas na ortografia da língua, quer as implícitas, decorrentes de hábitos gráficos, quer, ainda, as que se explicariam por uma regulamentação individual coerente.

O que se pode afirmar, de maneira geral, são apenas dois fatos. Em primeiro lugar, a acentuação é pouco freqüente, havendo até um caso de total ausência (F-1). Em segundo lugar, quando ocorre, ela é irregular, podendo o mesmo vocábulo, no mesmo texto, ser ou não acentuado.

A instrução escolar de pequena duração e, muitas vezes, de baixa qualidade, responderia por essa situação. Seus vestígios surgem aqui e ali, entrevistos numa acentuação pertinente, ou, opostamente, arbitrária.

Assim, se por um lado se acentuam corretamente vocábulos como *fábrica, Espírito, Saúde, vitória, aí, até, fé* etc., também se acentuam *elê, recebí, Zeladór, éra, sôbre* etc.

O exame do emprego do acento leva a certas comprovações sobre a freqüência de proparoxítonos, paroxítonos e oxítonos, nos textos das cartas.

A esse respeito, o dado mais relevante é o baixo número de proparoxítonos: no conjunto das cartas examinadas só apareceram 14 proparoxítonos, dos quais 5 acentuados: *Mônica*, M-1; *caríssimo*, M-4; *fábrica*, M-7; *propósito*, M-5; *Espírito*, F-3. Paralelamente aparecem: *maquina*, M-1; *debora*, M-2; *proximo*, M-4; *ultimo*, F-3; *maximo*, F-4; *sabado*, F-8; *estomago*, F-10; *en comodo*, M-9; *estavamos*, F-2; *Cicero*, F-8.

Caso de redução de vocábulo proparoxítono, somente um: *ursa* (M-9), por úlcera.

Quanto à acentuação de paroxítonos, oxítonos e monossílabos tônicos, vigora a mesma irregularidade, inclusive no mesmo texto, predominando, no entanto, a ausência de acentuação. Assim:

saúde (M-1, M-7, M-9) e saude (M-6, F-2, F-4)
família (M-4) e familia (M-5, F-3, F-5, F-9, F-10)
vitória (M-4, M-5) e vitoria (M-4)
notícia (M-5) e noticia (M-9, F-7, F-9)
também (M-7, M-9) e tambem (M-6, F-5, F-9)
você (M-7, F-2, F-6) e voce (M-1, M-2, M-9, F-2, F-6, F-9)
está (M-7, F-8) e esta (M-2, M-3, M-8, F-7, F-8, F-10)
aí (F-2) e ai (M-6, F-6)
só (M-2, M-8) e so (F-10)
mês (M-8) e mes (M-6, F-4)
é (M-8, F-6, F-8) e e (F-5, F-8, F-10)

Quanto aos vocábulos oxítonos terminados em vogal por decorrência de ênclise, encontramos seis casos, dos quais um regularmente acentuado e um com acentuação aleatória:

encontrá-lo, M-5
encontra-lá, F-6
envia-la, M-7
recebe-lo, M-7
deixa-la, F-4
busca-la, F-4

O emprego de acento grave para assinalar a crase surge ocasionalmente, embora nem sempre com pertinência; o mais comum é, porém, sua ausência:

àqueles, M-5
à deus, M-6, M-7
as vezes, F-4, F-9
a noite, M-4

No tocante à acentuação, uma tendência que ocasionalmente se observa, e que aproxima as cartas de outros documentos do PPE, constituindo, pois, uma característica desta modalidade, é a de assinalar a vogal aberta com acento agudo e a fechada com circunflexo:

agóra, M-6
ésta, M-6
éra, M-6
vêr, M-9
sôbre, M-5, M-7
corôa, M-5

Parece, portanto, não haver noção muito clara das funções do acento gráfico em português. O fato de se acentuarem ou não vocábulos fundamentais para a boa interpretação do texto – como -*é* por *e* e *esta* por *está* – não parece interferir na transmissão da mensagem, que é emitida e recebida sem obscurecimento, entre os correspondentes, o que advoga em favor da supressão ou redução dos acentos gráficos em português.

O VOCABULÁRIO

O vocabulário das cartas é reduzido ao suficiente para recobrir o mundo familiar, com seus acontecimentos cotidianos, suas necessidades e esperanças.

De fato, esse pequeno mundo partilhado por destinador e destinatário, que são parentes ou amigos, pode ser expresso no vocabulário usual nas interrelações orais, no interior do grupo familiar ou de amizade. As poucas palavras que escapam a esses limites estão relacionadas a outro grupo a que pertence o indivíduo, como o grupo religioso (M-4, M-5, M-6) ou o de trabalho (M-3).

Note-se que as três cartas referentes ao grupo religioso, em oposição às demais, desvendam um mundo espiritual que se reflete em palavras e locuções como: *ministério, espiritual, material, libertar, desfrutar, conjugar, relembrar, jamais, fortemente, grandemente, dispensar dons, mais chegados espiritualmente, tem confiado, tem confirmado*, etc.

Pelo exemplário já se percebe que a origem desse vocabulário não é a vida cotidiana, mas a religiosa, com seus textos escritos decorados, suas práticas, orações e prédicas muito repetidas. Integra-se, a partir daí, à expressão escrita do usuário e até à expressão oral, conforme verificamos.

Descartados os três documentos, cujo destinador e destinatário são filiados à mesma seita, observa-se nos demais a presença de um vocabulário religioso, não de origem culta ou literária, como aquele, mas relacionado com a religiosidade popular brasileira. Trata-se, nesse caso, de fatos, entidades e hábitos modelados pela religião e muito repetidos no contexto da vida familiar, como: *se Deus quiser, graças a Deus, Como Deus é servido, bom Deus, bênção, abençoar, Natal, Páscoa, Corpus Christi (Corp Cristo,* F-3), *Santíssimo Sacramento* (SS, F-3), *procissão* etc.

Esse vocabulário configura um mundo conservador, no qual não têm lugar a gíria, os vulgarismos, os ditos em moda, as criações lexicais. Poucas palavras, no total das cartas, escapam a essa limitação: *alô, OK, tchau* – todas encontradas numa carta enviada por uma jovem à amiga da mesma idade; *super-abraço* aparece numa carta também de jovem (M-7).

A par de conservador, o vocabulário é afetivo, como se nota mais claramente no início e no final das cartas, em que o sentimento é explicitamente manifestado em expressões como: *querido(a), caro(a), amigo(a), beijo, abraço, saudade, lembrança* e alusões à saúde e bem-estar dos correspondentes e seu círculo próximo.

É verdade que tal vocabulário poderia ser tido como convencional, nessas partes das cartas, se não viesse apoiado num contexto claramente afetivo. É exemplo disso a carta M-2, em que os sentimentos (saudade, angústia, desesperança, etc.) vêm textualmente registrados.

Não obstante o nítido caráter afetivo do discurso, são raras as formas gramaticais intensificadoras, como diminutivos e superlativos:

Serginho, M-2	a coisa mais linda do mundo, M-2
velhinhos, M-6	a coisa mais importante do mundo, M-2
velhinhas, M-9	super-abraço, M-7
pertinho, F-3	com o maior prazer, M-9
	caríssimo irmão, M-4

Ressalve-se que o último exemplo (*caríssimo irmão*), a par de *Santíssimo Sacramento (SS,* F-3) constitui fórmula corrente na vida religiosa.

A distribuição das classes de palavras, avaliada sem qualquer medida estatística, parece ser a normal na língua. Têm algum relevo, dado o caráter monológico do texto, os pronomes pessoais e possessivos.

Quanto aos pronomes pessoais, o da 1a. pessoa do singular (o remetente) nem sempre tem realce (como em M-2), pois é o destinatário que geralmente constitui o centro de interesse das cartas; outras vezes o *eu* se dilui no *nós*, designativo do círculo de pessoas que o signatário representa. A forma *a gente*, para a 1a. pessoa do plural, embora apareça, é menos freqüente que *nós* – com os possessivos pertinentes.

A relação entre os correspondentes, apesar de afetiva, é cerimoniosa. Assim, o tratamento *você*, que seria de esperar no âmbito do grupo familiar ou de amizade, cede lugar a *Senhor, Senhora, Dona* – atribuído até entre íntimos, como sogro e genro (M-9) e entre amigos (F-3).

As três cartas de religiosos (M-4, M-5, M-6) introduzem um tratamento nominal, pouco comum no Brasil (*o Irmão*), mas usual no grupo religioso em questão.

Em qualquer caso – você, senhor, e irmão – o tratamento mantém a harmonia gramatical quanto a pronomes oblíquos e possessivos e quanto às formas verbais, como se nota facilmente em F-1, F-2, F-3, F-7, F-8, M-1, M-2, M-3, M-7, M-8, M-10.

Corroborando o que se afirmou a respeito da compostura assumida pelo signatário no ato de escrever e da importância atribuída ao documento escrito, aparecem nas cartas formas pouco usuais na fala, principalmente em nível popular. É o caso dos oblíquos o/lo, a/la e lhe (F-4, F-6, M-5, M-7; F-8, M-3, M-6, M-7, M-9), nem sempre gramaticalmente empregados.

Coerentemente, usos normais na fala brasileira de qualquer nível, como você/o senhor com o oblíquo te, são raros nas cartas (F-4, M-3, M-1), assim como você com o possessivo teu, tua (M-4, M-6).

Caso extremo e único de mistura de pessoas gramaticais (2a. e 3a. do singular, 2a. do plural) é a carta M-5, em que parece evidente a interferência da linguagem estereotipada usual no círculo religioso a que pertence o signatário.

Já a predominância do vocabulário de cunho denotativo é comum a todas as cartas, notando-se apenas dois casos de imprecisão vocabular, atribuíveis, o primeiro talvez a descuido gráfico; e o segundo a analogia:

> feira por féria (férias), F-5
> atestado por testamento, F-2

De fundamento fonético é a confusão entre *mais* e *mas*. A forma ditongada é a que predomina (F-6, F-7, F-8, F-9, F-10, M-8, M-9), sendo raro o caso contrário, encontrado só em uma carta, que, aliás, documenta ambos os casos:

> Já tinha acabado com ele mas (mais) a fulana
> mais (mas) aqui sol tem come dinheiro, F-8

A primeira parte do exemplo ilustra outro emprego: *mais* com valor de *e;* equivalendo a *com* aparece noutro passo:

> eu só não fuim mais o João, M-8

Já a confusão entre *ir* e *vir* parece dever-se à falta de distinção semântica entre os dois verbos, como atesta a forma popular muito em voga *vai vir*, documentada em F-6. Os seguintes exemplos comprovam essa indistinção:

> se tudo der certo eu venho (vou), F-6
> pode mi esperar que eu venho (vou), F-6
> vou aproveitar a oportunidade é vir (ir) *com eles*, F-6
> convontade de vir (ir) da um passeio air, F-10

Assim como a confusão entre vocábulos, também a ausência de criação léxica evidencia o escasso trato lingüístico do redator com textos escritos. Abre-se, dessa forma, uma brecha para a intromissão inadvertida de traços da oralidade, dentre os quais um ou outro regionalismo, como: *boatando* (espalhando boato); *desmantelo* (estrago); *assinar para alguém* (responsabilizar-se por); *entrosado no revovel* (agarrado ao revólver), F-8.

Por outro lado, a presença constante de certos verbos, como *querer, desejar, mandar* (como sinônimo de *ordenar* e não só de *enviar*) denuncia a pressão que o destinador exerce sobre o destinatário, explicando-se, pois, no nível do discurso. Quanto ao emprego de *mandar*, tem relevo uma locução com *dizer*, ou, mais raramente, com *pedir*, na qual se atenua o potencial semântico de *mandar*, em favor do abrandamento de uma afirmação ou uma ordem:

eu escrevi mandando dizer que ia (dizendo), F-8
manda me dizer se minhas ermãs (escreva dizendo), F-6
eu mando pedir o seu Retrato (peço), M-9

A expressão de desejo ou de ordem, umas vezes incisiva, mediante um verbo volitivo (*peço, quero*), aparece outras vezes atenuada em perífrases como:

fique sempre escrevendo, M-9
fique sempre lembrada, M-9

Nenhum desses torneios esconde, no entanto, o caráter autoritário, a posição de ascendência de quem escreve em relação ao destinatário.

A pressão exercida sobre este combina, em diferentes graus, autoritarismo e afetividade. A intenção de atuar sobre o comportamento do outro é sempre muito clara e se trava também mediante a expressão de sentimentos (carência, desvalimento, etc.) que requerem apoio, assistência, cooperação, reparação.

O emprego do vocabulário, nas cartas, evidencia, pois, um discurso emocional, em que o eu dilatado abrange muitas vezes todo o grupo (familiar, religioso) a que pertencem os implicados e os mantém solidamente vinculados, numa hierarquia de caráter autoritário.

A CONSTRUÇÃO

Assim como os demais aspectos, também a construção evidencia certa interiorização das prescrições gramaticais próprias da língua portuguesa, embora não exatamente a consciência delas.

Há, no plano sintático, certa disciplina, nos textos das cartas. Por isso, poucas vezes se perde, na leitura, o fio do raciocínio, por motivo de ruptura estrutural – cavalgamento de construções, elipses e outros fatores eventuais de obscuridade. Quando isso ocorre (como em M-8), o aspecto caótico é também efeito de pontuação inadequada, de acentuação também inadequada ou ausente, de ortografia imprópria. A frase, no geral curta, a ordem direta, a explicitação dos componentes da oração contribuem para a apreensão regular do pensamento expresso.

Some-se a esses fatores o tipo predominante de construção – a oração independente e as coordenadas assindéticas. Dentre as sindéticas são as aditivas as mais freqüentes, embora poucas vezes em seriação no período, como em M-3. Não faltam as adversativas, invariavelmente introduzidas por *mas*, estas algumas vezes em seriação no período (M-4), estabelecendo uma cadeia de restrições ou oposições, umas às outras. Em ordem de freqüência, seguem-se as explicativas, introduzidas por *que* ou *porque*, e as alternativas, introduzidas exclusivamente por *ou*. Não há exemplo de conclusiva: a noção correspondente expressa-se por diferentes mecanismos, ou está implícita.

Por seu lado, o quadro das subordinadas é bastante variado, com grande relevo para as substantivas objetivas diretas, tão freqüentes quanto as adjetivas, as coordenadas assindéticas e as aditivas. Presentes, também, as gerundivas, as temporais, as finais, as condicionais. Já as conformativas e causais são poucas; e raras as consecutivas e concessivas (um exemplo de cada).

Basta, pois, comprovar essa variedade de construção para se perceber, nas cartas, a existência de um padrão de língua escrita que lhe é próprio, embora não inume às infiltrações da oralidade. Há, em relação a esta, como em relação a outras espécies funcionais de língua escrita, uma diferença diafásica, determinada pela consciência, que tem o que escreve, do tipo de texto que está a compor e de sua finalidade.

Já no plano interno da oração não se pode avançar tanto, pois o que se verifica coincide, aproximadamente, com o que alguns estudos da oralidade têm comprovado. É o caso da concordância nominal, cuja regra é variável, isto é, ocorre ou não. E isto não parece estar ligado, nem à ordem dos elementos componentes do sintagma, nem à condição de elemento determinante ou elemento determinado. Além disso, a variabilidade da regra, tal como aparece no mesmo texto (*os menino* e *os meninos*, em F-8) pode apontar para um afrouxamento do controle da redação que esse tipo de produtor de texto se impõe.

Os exemplos a seguir, de não concordância, convivem com outros tantos de concordância nominal regular, facilmente verificáveis na maioria das cartas:

suais mão (suas mãos), M-1
todo seu sonho, M-1
não produz peças desta avulsa, M-7
escreveu duas carta, M-8
sinto varios en comodo, M-9
já escreviu duas carta, F-1
noticia suas, F-7
suas noticia, F-7
estes desarranjo, F-9

Da mesma forma, é também variável a regra de concordância verbal, embora se possa observar que é muito mais comum a presença que a ausência de concordância; e que isto, quando ocorre, não parece estar ligado à posição dos elementos implicados:

todo seus sonho seja realizado, M-1
que estas linhas possa encontrar, F-2
nós estava lá, F-2
mamãe e papai ficará muito satisfeito, F-4
esteja todos bem, F-6

Assim, como a concordância se processa o mais das vezes regularmente, talvez esteja na forma de participação da oralidade o ponto de referência que distingue as cartas dos demais tipos de PPE.

A barreira que filtra a contribuição da oralidade está na consciência que tem o produtor do texto da importância da língua escrita, e, conseqüentemente, do ato de escrever, que é cercado de muita compostura. Esse formalismo, nem sempre fácil de manter, dado o nível popular em que se situa, parece estar na raiz da variabilidade das regras de construção do sintagma e da frase, assim como em outros aspectos, um dos quais é o emprego do subjuntivo.

Nas orações optativas em que surgem fórmulas e frases-feitas, esse emprego é regular:

Que o Divino Espirito Santo o ilumine com muita
saude e coragem e paz, F-3

Este é um exemplo de oração independente, de valor optativo. Mas há casos em que os votos são explicitados mediante os verbos *de-*

sejar e *esperar*. Na construção seguinte, que compreende duas subordinadas substantivas apositivas coordenadas, uma precedendo, outra seguindo a oração principal, a estrutura do período não é típico da construção popular e por isso contrasta com a irregularidade de concordância verificada na última oração:

> Minha querida irmã que a paz de Deus esteja com cada um de vocês, estes são os meus desejos, e que estas linhas possa encontrar todos com saude, F-2

As subordinadas substantivas, geralmente objetivas diretas, comandadas pelos verbos *desejar, esperar* ou sinônimo, nem sempre acusam regularidade no emprego do subjuntivo, apesar da fórmula cristalizada que o impõe: o uso popular oral, em que prevalece o indicativo, torna também variável a regra de emprego dos modos verbais. Compareçam-se os dois blocos de exemplos seguintes, notando-se que em alguns deles a irregularidade ocorre no mesmo texto, (M-4, por exemplo):

1. espero que esteja, F-4
   espero que esteija, F-6
   espero que esta (...) encontre, M-1
   espero quer (que) (...) possamos, M-4
   esperamos (...) que ele nos ajuda (...) e que possamos, M-4
   espero (...) que esta vá encontrá-lo, M-5
   espero que tenhas desfrutado (...) e continue desfrutando, M-5
   desejo que esta va-lhe encontrar, F-8
   desejo (...) quer (que) o Ano Novo traga (...) e quer todo seus sonho seja, M-1
   desejo que esta (...) encontre, M-6
   oumejo (...) que está (...) encontre-os, M-7
   peso que voçe venha, M-10

2. esperamos que o Senhor irá nos dar, M-4
   desejo que esta vai encontrar, F-10
   peso que se voçe não vim, M-10

Outro aspecto que envolve o emprego de modos e também o de tempos verbais está na dimensão própria das cartas, em que a interação é fragmentada pela distância: há dois presentes que não coincidem, um para o emissor, correspondente ao momento em que escreve a carta, outro para o receptor, correspondente ao momento em que a recebe. Há dois passados, um, mais remoto, partilhado por ambos, outro, que para o emissor é futuro, pois se conta desde a emissão da carta, e é passado para o receptor. E, finalmente, há um futuro comum aos dois implicados.

Ora, nas cartas em exame, essas complexas dimensões temporais não transparecem, a julgar pelo emprego das formas verbais. No geral, o remetente refere-se sobretudo ao seu presente, com algumas incursões pelo passado mais recente, não compartilhado pelo receptor, e ao futuro, desejavelmente comum aos dois. Além disso, por um processo de atualização de efeitos vários, não é raro reduzir-se tudo a presente, um presente fundamental, neutralizador, como se documenta em F-10.

Assim, pois, tomando-se o emissor por referencial constante, as formas verbais constituem uma rede simplificada, constituída basicamente pelo pretérito perfeito, pelo presente do indicativo e do subjuntivo, pelo pretérito perfeito e pelo futuro do presente. Quanto a este, há três formas de manifestação: a regular, sintética (*mandarei*, M-1; *será, ficarei*, M-2; *estaremos*, M-7); a analítica ou locucional (*vou receber*, F-3; *vamos sair*, F-4; *vai vir*, F-6); e, mais raramente, a que se expressa pelo presente do indicativo (*no dia em que nos encontra conversamos*, F-1).

O futuro do pretérito, expresso de duas formas, assume dois valores: 1. em perífrase constituída pela preposição *de* e o infinitivo, denota delicadeza, cortesia; 2. em correlação com o imperfeito do subjuntivo integra o desenvolvimento do raciocínio – razão pela qual só aparece quando isto se verifica, o que, nas cartas, onde predomina o caráter narrativo, expositivo, é raro; mas em M-3, que é, desse ângulo, uma exceção, isso se documenta:

1. Gostaria de encontrar com voces, F-2
   eu gostaria de saber, F-2
2. ficaria mais satisfeito se o Senhor mandace, M-3
   se (...) não se prontificasse (...) eu não sairia, M-3

Cumpre notar, no entanto, que o imperfeito do subjuntivo, por raramente se reunirem as condições de seu emprego, não é muito freqüente: o emissor situa-se no plano da realidade dos fatos, estando praticamente ausentes de seu texto as cogitações, que são esporádicas, como em:

se aqui ensitice (existisse) (...) e eu pudesse, F-8
se não se prontificasse, M-3
nem pensava que o irmão ainda alembrace, M-6

Já o futuro do subjuntivo, em sua única forma, assume duas funções: integra, fórmula cristalizada (*se Deus quizer*, M-2), e indica hipótese, possibilidade:

> se você não quiser, F-9
> se for coisa posta, F-9
> se tudo der certo, M-2
> quando eu chegar, F-7

A possibilidade futura, com certo matiz desiderativo também se expressa com muita freqüência pelo infinitivo pessoal, em geral regularmente flexionado – o que às vezes contrasta com lapsos ortográficos:

> para conversarmos, F-2
> para estarmos, F-2
> para (...) podermos, F-7
> para voce vir, F-9 (vier)
> para iniciarmos, M-1
> para (...) gozarmos, M-4
> para congregar conosco e lembrarmos, M-5

A forma verbal que exprime passado é, predominantemente, o pretérito perfeito, que, na carta-narrativa, exprime fatos já concluídos e ora comunicados. Correlatamente, denotando o aspecto continuativo, aparece o imperfeito (F-2, F-8), que, eventualmente, substitui o futuro do pretérito (*se eu pudesse eu ia*, M-10). O mais que perfeito raramente surge (*tinha acabado*, F-8), embora o caráter narrativo do texto crie condições para o seu emprego.

Ainda relativamente ao emprego das formas verbais, aponte-se a peculiaridade das cartas M-4, M-5 e M-6, em que, contrastivamente com as demais, são abundantes os tempos compostos, certamente devidos à influência dos textos religiosos, escritos e orais com que estão familiarizados os seus autores. No entanto, tais formas se opõem, no próprio texto, a traços pouco gramaticais, como no primeiro exemplo a seguir:

> eu não tenho escrivido, M-4
> como ele nos tem prometido, M-4
> louvo a Deus que me tem ajudado, M-5
> o Senhor muito nos tem abençoado, M-6
> o Senhor tem preparado um lar para mim, M-4
> o Senhor tem confiado ministério a ela, M-6

Como documenta a exemplificação relativa ao emprego das formas verbais em geral, o PPE, nesse aspecto, praticamente não se distingue do que se pratica em outros níveis. São traços lingüísticos de outra ordem que, sobrepostos a esses, emprestam-lhe caráter peculiar. Além disso, é o emprego das formas verbais, juntamente com o do léxico, que denuncia com maior clareza a ação dos grupos sociolingüísticos sobre o texto oral ou escrito de seus integrantes.

Síntese

As cartas são, no plano da língua escrita, o contraponto da conversação, no plano da oralidade. Muitos traços próprios dessa situação, como os marcadores conversacionais, os vocativos, os pronomes de tratamento, os imperativos, mimetizam a interrelação lingüística direta. Como se trata de uma conversação representada e de mão única, sua composição é monológica. Nesse ponto se anula a pessoa do destinatário, cuja presença é recriada pelo emissor e se projeta a distância, no espaço e no tempo. Traços lingüísticos destinados a interpretar essa situação evidenciam também o descompasso, salientando o caráter fictício dessa conversação.

Diferentemente do que ocorre na interação oral, que é espontânea, não previamente preparada, portanto, e não retocável, o monólogo epistolar acusa, não só um adestramento para a execução desse tipo de texto, evidente no plano de disposição gráfica e orgânica do texto, mas também, e coerentemente, um senso de responsabilidade manifesto no ato de escrever.

Contudo, a falta de assiduidade, relativamente à língua escrita, lida ou praticada, torna precário o controle desse tipo de expressão, responsabilizando-se pela interferência eventual de traços da oralidade, sobretudo no plano mais superficial, o da grafia, traços que contrastam com a disciplina e a tentativa de atingir a ortodoxia gramatical.

Por outro lado, o convencionalismo, não só relativo ao próprio gênero epistolar, mas também ligado à situação pouco freqüente em que se encontra o produtor do texto, transparece em fórmulas e chavões, tanto no plano vocabular quanto no sintático.

Tal convencionalismo não impede, no entanto, sobretudo no segmento central das cartas, constituído por uma narrativa e sua principal razão de ser, que o discurso flua livremente, na expressão do pensamento e dos sentimentos. Aparece aí a subordinação, tramada, às vezes, com certa riqueza e quase sempre com transparência, que a variabilidade das regras de concordância gramatical não compromete.

O projeto de persuasão que se evidencia nesse discurso, apoiado no autoritarismo e no espírito conservador, tradicionalista, muito nítido no nível do PPE, atinge seus objetivos, porque seu destinatário se inscreve no mesmo quadro e aceita as regras tácitas do jogo.

DOCUMENTÁRIO

F-1

saudação

querida amiga M... ja escrevi duas carta nao recebi nem uma resposta.
como vai voce esta boa por favor escreva para me porque estou muito preocupada por nao ter noticias suas
eu estou bem trabalhado com muita saudades de voce no dia que nos encontra conversamos bastante vou terminar por falta de asunto um beijo de sua amiga lenbrança para todos

J... V... de L...

F-2

Minha querida irmã que a paz de Deus esteja com cada um de vocês, estes são os meus desejos, e que estas linhas possa encontrar a todos com saude.
Ana como vai todos ai? nós aqui vamos como Deus é servido; o Rodrigo ainda não sarou sempre se queixando e assim vamos indo. Ana como gostaria de encontrar com voces para conversar-

mos, o dia do casamento do Silas voces aqui para mim foi como um sonho, graças a Deus estava tão bom mas não deu nem pra conversarmos direito.
Venham novamente aqui para estarmos juntos como é gostoso poder estar com os parentes. Nós passamos a nossa vida tão preocupados com as coisas desta vida que é tão passageira passando mesmo longe dos parentes e quando nós deparamos com a separação de um enti querido nosso pensamos porque não procuramos encontrar mais vezes não é mesmo? Ana quando nós fomos em Minas naquela correria mesmo naquela correria eu ainda agradeci e Deus porque o Miguel nos levou lá para ver os nossos queridos, nos passamos na Maria o João não estava; quando nós estavamos na casa da Naná ele ia passando na estrado sabendo que nós estava lá ele desceu lá pra nos encontrar pela ultima vez. O que nos resta é pensar que Deus tenha pra ele um bom lugar e que Deus mesmo seja aquele que vai cuidar da nossa querida irmã e filhos, consolando, confortando a todos. Eu gostaria de saber da Maria se ela está la em Jacuí ou aí em S. Paulo, pra eu conversar com ela porque escrever não adianta porque a carta volta já 2 vezes aconteceu de voltar a carta de lá.
Ana parece até um atestado o tanto que escrevi, mas vamos deixar as tristesas e pensar um pouco no Natal de Jesus que se aproxima é o que trás paz alegria nos corações tristes até breve e boa noite de sua irmã conhado e sobrinho, com um forte abraço a todos voces.

Z...

F-3

Salve Maria!

Querida amiga D.T...
Que o Divino Espírito Santo o ilumine com muita saude e coragem e paz.
Sei que não é facil, mas Jesus nos conforta muito para aguentarmos as saudades. Como vai a Senhora? familia e Maria.
Fiz um cartãozinho e não recebi resposta,
mesmo assim demorei de escrever pois peguei um resfriado forte mas graças a DEUS estou bem melhor.
Como foi o dia de Corp Cristo aqui foi uma beleza; só que pela 1a. vez não acompanhei a procissão, fui fazer adoração em S. Raimundo depois fui esperar a chegada e assistir a Benção do SS na Piedade

Minha filha e netos gracas a Deus vão em paz, o neto mais velho já esta noivo, ele filhos e irmãus mandam lembranças.
Como não vem passar uns dias comigo o novamente o novo endereço estou pertinho da filha, espero que venha passar uns dias aqui
Termino enviando lembranças a familia
Vou receber a vizita do Padre Macedo em Julho, estou radiante.
Um grande abraço da amiga

E...

F-4

beijinhos

Querida C..., como vai tudo bem?
pois espero que esteja tudo em paz com voçe e toda sua familia
Olha escrevo esta a fim de convidar-te para um passeio na praia em Guarapari.
Pois vai ser maravilhoso a gente vai ficar um mes durante as ferias
Vamos sair daqui no dia 20 incluzive voce tem que chegar no maximo ate dia 17. No ultimo caso se sua mãe não deixa-la vir sozinha da um alô pra gente antes do dia 14 que meu irmão irá busca-la OK?
Não deixe de vir pois mamãe e papai ficará muito satisfeito com sua prezença
E agora vou terminar pois tenho que ir para aula conto com voce para partisipar da nossa Alegria
Um beijo para voce e sua mãe

tchau

G...

F-5

cara amiga, A...

Como vai? Voce esta boa eu vou indo bem. fiz boa viagem e estou gostando muito da qui.
A... voce esta estudando muito eu estou estudando bastante a cho que vou tira boas notas.

Aqui e bom demais e uma cidade grande tem muitas logas, vitrina supermecado cubre, cinema tem paquinhos tambem e midivito muito no fim de semana
A... eu estou sentindo muita saudade de minas acho que na feira ire passa uns dias com a minha familia. talvez eu irei na sua casa po hoge e so termino eviando abraco para voce e todos que conheco

C...

F-6

Querida mamãe:
Abraço-te.

Recebi sua carta – fiquei muito contente porter resebido suas notisas, eu aqui vou bem, grasas a Deus, e espero que esteija todos bem.
Eu estou com muita caudade de todos vocês.
Eu estou fazendo o plando de ir ai em Junho não sei si vai da serto, mais se tudo der eu venho – meu tio Antonio vai vir em Junho, eu vou aproveita a aportonidade é vir com eles, pode mi esperar que eu venho, mamãe manda me dizer se minhas ermãs estou ai em Junho, eu queria tanto emcontra-lá.
Sem autra coisa diga para minha ermã que eu quero que ela me escreva uma carta dando o endereço dela e tonbem quero que a senhora manda uma carta dizendo como vau as coisas ai.
Eu vou aguardar ansioza suas notiças
Vou termina com muita sudade de todos vocês lenbrança a todos uma feliz pascua para voçes.
fim
Um abraço da sua filha que nunça esquese

J...L...B...

F-7

Meu querido Maninho L... C...

Um Forte, Abraço.
Recebi sua carta e fiquei muito feliz em saber noticia suas, e tambem que todos estão bem de saúde é que esta com vontade de vir para São Paulo, mais está com medo porque não tem profissão e

por não emcontrar emprego logo nos premeiros dias, e não ter aonde ficar muito tempo porque o dinheiro é pouco e você sabre que eu moro em um hotel e não posso ajudar muito, mais eu vou ver se consigo um quarto perto do Meu. Para quando eu chegar do trabalho podermos conversar pessoal mente. Se esta pensando em vir venha logo, porque no começo do ano fica mais facil de arrumar todas as coisas, manda as suas noticia.
Você não falou se o meu Pai esta de acordo com sua ideia de vir para São Paulo.
Vou termina com Muita saudade de vocês todos dai Lembraça paras crianas é pra qem pregutar por mim nada mais por heje de sua maniha

O...

F-8

Saudacãos sem fin

Quitéria eu dezejo que esta va-lhe encontra gozando Saude que eu ate o fazer esta vou senpre en Paz gracas ao nosso bon deus Quiteria eu lhe escrevi mandando dizer que ia enbora e ate hoje não tive resposta Quiteria a minha situação aqui esta muito triste o José caregou uma tal de moça e vai casa com ela ja não casou porque ela não ten idade e ja estou dormindo na casa de copadre Cicero e ele anda fazendo pouco de mim mais ela ainda sabado ele veio com ela e dormiu na casa de sivuca filho de seu Ze Marque e de noite ele veio na minha casa e abriu a porta e deixou aberta a felicidade foi porque eu não estava dormindo en casa mais ele vinha com destino de me fazer o mal e no domingo ele veio na casa de copadre Cicero e a fulana queria vom com ele para minha casa é ele saiu boatando que vai enbora mais antes vai fazer desmantelo é eu estou vivendo quase sen destino não posso mais esta sozinha en casa nem memo pelo dia com medo dele é ele falou para copadre Cicero que ven tira ate a casa Quiteria voce fale para os menino que se ele chega air que não tenham confiança nele que ele e muito falso e fale para os meninos que sobre a terra de Cerquinho niguem mais asina para ele
Ja esta tudo certo voce fale air com os meninos e me escreva logo me orientando quaque coisa Quiteria se aqui ensitise gente sabido e eu pudesse ja tinha acabado com ele mas a fulana mais aqui sol ten come dinheiro e nada feito e tanben eu não poso ele anda todo entrosado no revovel atraz de fazer o mal a quaquer um da familia

da gente fale para os meninos que tenha cuidado e mande um conselho o que é que eu devo fazer se vou enbora o não aqui eu vou termina con lenbrança para todos voces nada mais asina M... J... da S... Quiteria voces não fale esses caso para o povo dair porque pode Alguen manda fazer fofoca para ele e ser ainda pio para min

F-9

Querida filha Z...

Em primeiro lugar desejo que esta carta vai encontrar voces cozando saude e felicidade
Z... o Nego manda falar para voce que soube que voce esta muito doente e muito encomodada que voce não pode dormir no ponro ele fala para voce que o Disterro falou para ele que voce esta com um negoçio no estomago voce esta pensando que e ursa mais asvezes e porcaria que fizerão para voce ele manda fala para voce que e para voce vir aqui onde ele esta see voce não quiser ir no Norte e para ele te esplicar se voce vir voce traz uma anagua e um retrato anagua usada se voce não quiser ir manda so anangua e o retrato chega ele leva e manda tirar se for coisa posta
Para Zezinha
Zezinha sua mãe manda falar para voce que voce tenha cuidado nesta amizade que voce tem por que estes dezarranjo e capaz de naser de sua familia mesmo porque deixe voce tão bem com seu marido. Mando falar isto para voce mais não dos seus irmãos mas sem estes parentes que voce tem porai porque que mexe com sentro ninguem tem confiança.
Aqui esta tudo bom graças a Deus Lembranças para todos voces.

Sua mae J...

F-10

meu Querido pai

Sempre quando eu pego na minha rude pena é somentem para tidar as minhas boas noticias e ao mesmo tempo desejo saber das suas, sim meu pai.
Eu esto convontade de vir da um passeio air numêz de Setembro estou esperando minha patroa viajar, depois eu vou pois sinto

saudade dos meus irmão e subrinho principalmente do meu afilhado que eu não esqueço um minuto. mando lembranças para todos quem perguntar por mim aqui assina tua filha

E...

M-1

Cara Amiga M... Saldações.

M... espero quer esta ao chegar em suais mão encontre com perfeita saúde juntamente com os seus.
Cara Amiga desconhecida Mônica espero quer por meio desta possamos ser bôis amigos Mônica, e um prazer para min em coresponderme com uma garota tão destante.
M... vou fala um pouco de min eu sou moreno claro tenho 18 anos um 1metro e, 62 de altura sou estudante não sou Amazonense moro em Manaus a 4 anos sou de Mato Grosso.
Cara Amiga para iniciarmos nossa Amizade eu acho quer e só M... descupe se, saiu um pouco borado e quer amaquina esta com defeito, M... madarei um cartão Postal pra voce quer mostra o centro de Manaus.
Cara Amiga M... desejo um feliz Natal e quer o Ano Novo traga tudo de bom pra voce e quer todo seus sonho seja realizado no ano de 73 são os votos do Amigo, desconhecido.
sem mais poraqui finalizo essas pequenais linhas.
Aceite um aperto de mão do Amigo que aqui fica

A...M...T...

M-2

Para E... O... M... R...

Este é um dia em que eu escrevo com todos os meus, sentimentos e tristezas, por não poder estar com voceis, minha familia. Edilene, fabiana e o nosso querido serginho. Que me tras muitas saudades por estar tão longe. Mas que sera por pouco tempo, se deus quizer.
Eu aqui não estou Bem, mas não esta me faltando nada. Eu tenho tudo de que presizo uma familia de que, amo muito. E isto fas

com que eu me sinta muito melhor. Neste dia, esta sendo muito difícil me esquecer de você Lene meu amor de Serginho que e a coisa mais linda deste mundo e fabiana.
Eu tenho serteza que sera por poucos tempo esta minha angustia. Mas eu não me dizespero, estou caumo e esperando o dia de poder abraçar voces todos. E a minha querida mãe que é a coisa mais importante deste mundo para mim, e para você, lene, Serginho, fabiana Mauricio debora Bete. So espero não demorar muito este dia. Hoje esta fazendo treze dias que estou longe de voces. E se tudo der serto não ficarei mais esta semana aqui se deus quizer. E com estas poucas linhas que espresso todos os meus sentimentos por vocês todos.
E aqui eu termino estas palavras que vão de todo o meu coração.
ass
L... C... P...

M-3

Senhor Adeministrador

Escrevo-lhe esta cartinha respondendo a sua que hoje recebe trasendo-me uma pesada Adevertencia que com a tal não concordo pesso-lhe licença para lhe esplicar Como foi o caso cinceramente. infelismente a firma não tem convenio samos obrigado a ir ao INPS e lá no INPS nos temo que chegar cedo para emfrentar uma grande fila e eu nessecitando de ir lá com meu filho que esta em tratamento E Então pede ao Zeladór se ele podia ficar em meu luga e ele se protificou para ficar em meu lugar e eu sai despreocupado. Agora se ele não ficou como ele me prometeu eu não fui o culpado eu confiei sendo assim não abandonei a portaria como diz a sua carta eu sou um homem de muito conpromisso e responsabilidade não posso praticar tal papel se o Zeladór não se prontificase de ficar para min eu não sairia pois tambem sou homen que reconheço dos dereitos e tal coisa não acontecia pesso ao senhor Admilson não me mande mais outra carta desta forma melho seria mandar-me embora fico mais satisfeito porque uma Carta desta e para gente de pessamento fraco que presisa ser adevertido diariamente eu não aceito esta Adevertencia porque da minha veis não mais pedirei ao Zelador para tal coisa pois foi ele o causador

desta confusão e eu ficaria mais satisfeito se o Senhor mandace me chamar e esplicar verbalmente porque assim eu lhe esplicaria melhor nada mais termino pedindo que si não agradando a firma mande-me embora ou me comsidere
Obrigado

        J... B... A

M-4

        Caríssimo irmão G...

Espero que ao receber esta que esteje gozando e desfrutando das bençãos do nosso Deus. Enquanto a nós graças ao nosso bondoso Deus vamos indo bem tanto espiritual como material.
Caríssimo irmão, eu não tenho escrevido mais por falta de tempo, eu viajo todos os dias e as vezes eu só chego a noite, eu escrevi para o irmão e não tive resposta, talvez o irmão não tenha recebido.
Caríssimo irmão eu espero o irmão aqui em minha casa, o Senhor tem preparado um lar para mim, embora humilde mas o que nos basta é a Graça de nosso Senho Jesus Cristo, espero encontrar o irmão pessoalmente para junto nós gozarmos as bençãos dos céus, eu estive em S. Paulo por varias vezes, mas fui a negócio, não dava tempo para nada, mas a proxima oportunidade eu irei fazer uma vizita para o irmão.
Caro irmão, nós passamos por uma luta muito grande ou melhor estamos passando, mas esperamos que o Senhor irá nos dar a vitoria, como ele nos tem prometido pela sua Santa Palavra, peço para o irmão que ore pela obra de Deus nesta cidade para que o Senhor nos venha por em liberdade, para trabalhar na obra de Deus, porque a obra de Deus esta presa pela mão do homem, mas esperamos em Deus, que ele nos ajuda em tudo e que possamos ter paciência até o dia em que o Senhor nos der a Vitória, o dia que nós encontrarmos eu explicarei tudo o que se tem passado aqui conosco, se eu for contar ou melhor escrever precisava de muitas folhas e não daria.
Caro irmão, sem mais ao momento me despeço com a Paz de Deus, deste teu irmão na fé em Cristo Jesus, sauda todos da família, e a irmandade em Cristo Jesus.
Teu irmão em Cristo Jesus

        A... S... S...

M-5

Estimado Irmão
G...
A PAZ DE DEUS

Espero no Senhor, que esta vá encontrá-lo, firme na fé, com o firme propósito de servir a Deus até a volta de Nosso Senhor e Salvador Jesus Cristo.
Quanto a mim, louvo a Deus que me tem ajudado até o presente momento, tenho esperança de vencer pois a Palavra é fiel.
Irmão G..., como tens passado? Quais as notícias? Alguma novidade? Tens orado bastante? Como estão os companheiros? Como vai a família?
Espero que tenhas desfrutado muito no Senhor e que continue desfrutando.
Irmão, continue lutando, não se deixe vencer por nada jamais, a sua alma pertence a Deus e a vitória virá. Não desanimes.
Seja exemplo em tudo e serás ainda mais abençoado quer material e espiritual.
Quando a prova chegar lembre-se, que o Senhor estará presente para dela te libertar. Em tudo dê graças a Deus. Sê fiel até o fim e recebereis com certeza a corôa da vida.
Estas são as palavras que tenho a transmitir. Aguardo que em breve venhas até Pompéia, para congregar conosco e relembrarmos aqueles tempos em que tão fortemente o Senhor nos abençoada e dispensava sôbre nos os seus dons.
Aguardando resposta, despeço-me enviando saudações a todos os seus e àqueles que te são mais chegados epiritualmente.
Do seu irmão na fé, que te estima.

N...
A PAZ DE DEUS

M-6

A Paz, de Deus

Estimado irmão em Cristo Jesus É com grande prazer que lhe escrevo esta pequena carta.
Desejo que ésta ao chegar em tuas mãos encontre todos dai gosando saude e felissidade no amor de nosso senhor Jesus Cristo,

Querido irmão G..., fiquei muito contente em receber sua amavel carta, nem pensava que o irmão ainda alembrace deste fraco servo de Deus.

Querido irmão, nós aqui vamos indo bem com a grassa de Deus, tanto na parte espiritual como na parte material, O senhor muito nos tem abençoado.

Aqui a obra de Deus vair indo que é uma maravilha, eu e um dos meus tres filhos tocamos na congregação, minha espesa tambem o Senhor tem confiado ministerio a ela muito o Senhor nós tem abençoado depois que mudamos aqui em Arapongas Irmão, agóra graças à Deus eu estou trabalhando por conta propia e sobra mais tempo para servir o Senhor.

Deus preparou que comprei um Caminhão Alfa-romeu para trabalhar, e tambem um carro fusção para participar das féstas assim como batismo, reunião, santa-ceia, e tambem para faser visitas aos nossos irmãos velhinhos no cual o Senhor tem me pedido.

Irmão G..., alembra-ce do meu cunhado Mario que éra de Terra Bôa e agóra mora ai na vila Industrial? O Senhor tem abençoado muito ele e sua esposa tambem confirmando ministerio a esposa dele.

Irmão G..., o mes passado estive com O irmão Alberico de Terra Bôa lá tambem o Senhor tem abençoado grandemente.

Irmão, quinta feira a noite teve um batismo especial aqui em Arapongas we o Senhor chamou mais sete almas para o seu santo e glorioso caminho sem mais termino ésta com a páz de Deus sou seu irmão ná fé que te estima de coração

um abraço meu e muita saudação de minha familia, irmão Geraldo não arrepare na caligrafia porque sou cuaze analfabeto

A... C...

M-7

Distinto primo S...

Saudações

Oumejo-os votos que esta ao chegar encontre-os todos gozando saúde.

Ontem recebí uma carta sua, na qual você fala sôbre a dificuldade da não existência da Instante do grávador, que a fábrica não produz peças desta avulsa, desde já estou muito grato pelo grande favor que você me prestou. Como também recebi de volta a peça original.

S..., fala para Eloy que satisfiz em envia-la a fotografia de Mamãe. Agora só está faltando ela, mandar a dela juntamente com os manos e Pais. Como você também S..., falta mandar a sua fotografia, juntamente com os manos e Pais.

S..., parabenizo-lhe por já está "Habilitado". Sigis, no final deste ano estaremos de braços abertos para recebe-lo.
Termino esta enviando recomendações a todos. E a você, super-abraço do seu primo.

A...

M-8

Saudação Sem fim

Momento mais feliz que eu pego neste lapis para da minha moticia e ao mesmo tenpo colher as sua Quiteria até o prezente vamos todos com saude graça ao nosso bon Deus Quiteria eu só não fuim mais o João quando ele foi poque não tinha tirado documento mais agora eu ja tirei a Reservita a proficional só não ja foi porque tenho medo dem solzinho por inderoço Quiteria aqui não da pramim porque aqui conpo uma ropa de ano e ano quando veim compra uma a outra ja esta ragrada ricibi a Resevita nos dia 12 de Fevereiro O Ze Jacou deixo Maria rolbou uma mosa ir vai caza con ela no siuxil Maria ja Escreveu duas carta ja esta com bem um mês é não resebeu noticia da ir que ela quiria pra ir ponta os minino ela paça o dia em casa e di noite dormi na casa de Nesti Quiteria como vai o João com a moça que elê lervou casso com ela ou não.
Vou termina por fauta de asuto lembrança para você é os minino nada mais acina C... A... S...
respota rapida

C... A... S...

M-9

Saudações ao Longe.

Presado Genrro
E O momento feliz que chego Ao ponto de te Escrever Esta para dar-lhe minhas noticias.
e também saber das suas.
Olhe Recebi sua Carta e fiquei muito Alegre em saber que Estão todos gosando saúde.
Olhe Abençoi meus netos por mim Bencao para minhas filhas
Olhe Compadre João eu vivo um pouco doente sofrendo da vista da Cabeça Sinto varios Em comodo. Olhe Compadre eu não vou passar o Natal Com Vocês air porque não posso ja Estou velho

doente tenho muito filho para prestar conta e não posso viajar se eu podesse eu ia visitar vocês air tenho muita Vontade mais não posso quero que o sr. venha passar o natal conosco.
traga meus netos e filha tenho o maior prazer de vêr Chegar em minha casa Com seus filhinhos.
Realmente é um Emenço prazer para mim
Aceite Lembrança de sua Comadre Ela pede que o senhor Abençoi o afilhado dela e os netos.
Ela manda um Abraço Bem Forte para Comadre Laura e Zeca.
Laura aceite Lembranças de suas irmãs.
Elas pede que você abençoi os sobrinhos para Elas.
Olhe Laura eu mando pedir o seu Retrato e dos meninos e da Zeca para nos Conhecer Esta irmã
Comadre Laura eu foi operada de fibroma ja Completou quatro Anos graça à deus ja Estou Boa fui vitoriosa na minha operação.
Olhe Lembrança de sua vovó que ainda é viva. Ela mora perto da gente Ela e a Algimira. Ela Estar tão velhinha mais ainda trabalha.
Laura a Estelita Cazou mais ja viuvou ficou com um Casal de Filhos ja fez quatro Ano que o Esposo faleceu morreu de um Suicido.
Êle sofia de nervos e palpitou se Suicidar com suas proprias mãos Ela Estar viuva Estar criando os dois filhinhos. Estar morando em palmeira dos Indios.
aqui findo com mil Abraços para todos da ir.
Nada Mais Grato Assina

J... D... S...

Olhe Laura mande os Retratos de vocês todos.
Olhe não se Esqueça quem lhe pedi é sua irmã sebastiana Essa que te Escreve.
mande sem falta.
A deus Até a volta do Correio.
Resposta sem falta
Dezejo Saber de suas noticias.
Laura fique senpre Escrevendo não Se Esqueça ja completou um ano que Você Escreveu, olhe fique sempre lenbrada

M-10

J...

gerido irmão peso que voçe venha ate aqui porque seu sogro esta pasando muito mau peso que voçe venha eur gente não deixa de vim porque Ele sofala Em voçe
João peso que se voçe não vim mada um telegrama avizando que veim terminando com um forte abraço para voçe

J...

SÍNTESE FINAL

O PPE, tal como se delineia a partir do exame da documentação correspondente aos quatro tipos de texto considerados, surge como uma modalidade relativamente una, apesar do caráter específico de cada tipo, fato sempre muito claro no espírito do redator em questão.

Esse fato, que responde pela diversificação do PPE, não exclui, porém, um sentimento de unidade dada a consciência, desse mesmo redator, de que a língua escrita é regida por estatuto único e próprio, não coincidente com o da língua oral.

Nesse estatuto, a regra fundamental parece ser o convencionalismo, razão por que o PPE, em maior ou menor grau, conforme o caso considerado, reveste-se necessariamente de um formalismo adequado a cada tipo de texto.

Assim se justifica a adesão a um vocabulário consagrado, a frases feitas, a fórmulas e construções estereotipadas, arsenal que constitui, ao mesmo tempo, um salvo-conduto para o trânsito no mundo pouco familiar da língua escrita e um recurso contra as investidas da oralidade, que o redator pretende alijar de seu texto.

Tais investidas, no entanto, são às vezes bem sucedidas. No plano da pontuação e, sobretudo, no da ortografia, é a fonética que fortuitamente se insinua, pautando a língua escrita pela fala. Tanto nesses, como no plano da sintaxe, é difícil para o redator o controle do material lingüístico pertinente, propiciando, por exemplo, a vigência do que Labov intitulou regra variável. Vale dizer, a convivência entre formas ortodoxas e alotrópicas.

Assim, pois, traços de uma unidade fundamental aos quatro tipos de texto examinados convivem com a especificidade de cada um deles.

Um dos fatores da diversificação decorre do produtor do texto; outro, do receptor; outro, enfim, da própria mensagem.

1. Apesar de serem os produtores dos quatro tipos de texto, como se postulou, indivíduos de instrução primária, há, obviamente, muita diferenciação entre eles, diferenciação não investigada neste trabalho. Investigaram-se apenas os casos de intermediação, pois há textos produzidos unicamente pelo próprio interessado (as cartas e os anúncios devidos a particulares, a feirantes e outros pequenos comerciantes); e textos que sofrem a intervenção de um executor, um tipógrafo ou pintor (letreiros em placas e folhas volantes impressas), profissionais que se esmeram, não só na apresentação gráfica, mas também, possivelmente, na própria confecção do escrito. O fato de ser um produto espontâneo, como no primeiro caso, ou já relativamente elaborado, como no segundo, tem alguma repercussão lingüística, que consiste, geralmente, na observância maior das prescrições mais superficiais da língua escrita, assim como do convencionalismo.

2. A diferenciação centrada na figura do receptor também corresponde a certas marcas lingüísticas. Ao receptor indeterminado, o passante eventual, é atribuído um tratamento impessoal – impessoalidade que abrange a figura do emissor. Nesse caso, a comunicação reduz-se ao anúncio da mercadoria ou serviço oferecido (tabuletas, placas e semelhantes). Quando, porém, se trata de um receptor diferenciado, um público predominantemente feminino, interessado em desvendar o futuro, não só se realça essa figura, mas também a do receptor, presas, ambas, por um elo que condiciona repercussão lingüística no plano do discurso.

Opostamente a todos esses textos/anúncio, que se destinam, de diferentes formas, a convencer, aliciar, mas também vender, as cartas, tendo destinatário certo, familiar ou amigo, embora também desenvolvam um discurso cativante, atuam por mecanismos diferentes, os da afetividade; e, por isso, constituem um aspecto bem diverso, que complementa o panorama do PPE.

3. O teor da mensagem determina, não só a própria extensão do texto, mas também a complexidade do enunciado e sua organização. Isto ocorre claramente nas folhas volantes e nas cartas. Acresce que, nestas, a figuração de uma conversação ou, mais propriamente um mo-

nólogo, a que corresponde futuramente outro monólogo – leva, necessariamente em conta a pessoa do receptor, lingüisticamente assinalado por pronomes, formas verbais e certos traços sintáticos, como o vocativo e as construções optativas – aspecto que nas folhas volantes se reduz, porque nelas se sacrifica a afetividade, característica das cartas, por uma aura de emocionalidade de ordem mística, obtida mediante uma linguagem cerimoniosa e até pomposa, que induz à valorização da figura do emissor/anunciante.

Essa necessidade de realçar a figura do emissor opõe as folhas volantes às cartas, às quais, de outro ângulo, assemelham-se: em ambos os casos desenvolve-se um discurso retórico, em nível popular, fundado em apelos que visam a garantir um elo entre emissor e receptor. A diferença está em que, nas cartas, o elo, já existente, é reforçado por certo autoritarismo, mediante pressão afetiva e moral, enquanto nos volantes, pretende-se estabelecer um contato transitório, declaradamente em benefício do receptor, mas, de fato, do anunciante, pois se trata de vender um serviço.

Em suma, poder-se-ia dizer que os quatro tipos de documentos estudados compõem, à semelhança do que se passa na fala, diferentes níveis de linguagem. E que a manipulação dos recursos lingüísticos está em consonância com certa gradação, do mais simples para o mais complexo, do mais informal para o mais formal.

Cada um deles constitui, por outro lado, um modelo funcional, adequado à situação em que se produz e à finalidade a que se destina.

Esse modelo é forjado no pressuposto de idêntica competência entre emissor e receptor – do que decorre a plena eficácia da mensagem.

Dessa forma, o PPE apóia-se em padrões de língua e de linguagem, e constitui, ele próprio, através de suas diferentes manifestações, um padrão a ser acatado. Em conseqüência, é muito baixo o nível de criatividade lingüística.

Rege a composição dos textos o uso consagrado, as normas e as subnormas vigentes no tempo e no espaço em que eles se produzem.

Cadastre-se no site da Contexto
e fique por dentro dos nossos lançamentos e eventos.
www.editoracontexto.com.br

Formação de Professores | Educação
História | Ciências Humanas
Língua Portuguesa | Linguística
Geografia
Comunicação
Turismo
Economia
Geral

Faça parte de nossa rede.
www.editoracontexto.com.br/redes

editora contexto
Promovendo a Circulação do Saber